U0163979

說禮

周何 著

《說禮》自序

周何

小友蔡長林任《國文天地》編輯時，約我為「經典的智慧」撰稿，因為先前寫「古禮今談」一書出版後，似覺意猶未盡，想想還有些題目該談而未談及，而且經典的範疇還廣得很，除禮學之外，我所熟悉的如《春秋三傳》、《論語》、《孝經》等，值得寫的材料應該不少，所以就大膽地一口答應了。但自從民國84年8月第123期刊出了第一篇之後，才逐漸感到每月三千字的文稿壓力頗重，三年多之內，雖也勉強寫了二十多篇，然而其間也有好多期開了天窗，原因是我另一部《新譯春秋穀梁傳》即將完稿，顧此則失彼，難免緊張，加以八十五年二月二十五日突患腦中風後，迄今仍左肢行動不便，今年初又患急性心肌梗塞住院，幸賴趙鳳娣女士悉心照顧，僥倖脫險，腦子壞了一半，加上半身不遂，生活已感不易，工作自不能疲累，全靠右手敲打電腦撰述，致使寫作進度遲緩，其間還撰寫了《中國訓詁學》與《禮學概論》二書，已交由三民書局出版，看來還算對得起自己，近又與《國文天地》總編輯傅武光兄商量出版《說禮》一書，承其不棄，慨然應允，實深感激。八月中赴雲南參與孔子學術研討會，暢遊雲南名勝，轉至揚州小憩，更擬往泗陽拜祭生母張氏之墳，甫抵揚州，傅兄電話追踪而至，謂《說禮》即將出版，尚缺序文一篇，命即撰成電傳台北，余已屬半個活人，疏漏自屬難免，諸祈諒察，惟生前得見諸書之陸續問世，言行無愧於其人，撰述無慚於所學，欣慰之至，爰爲此序。

一九九八年八月二十九日于揚州四季園

目次

說禮

禮的起源

關於中國禮的起源，過去有幾種說法，歸納如下：

一、起於節制欲望

《荀子．禮論》：

禮起於何也？曰：人生而有欲，欲而不得，則不能無求，求而無度量分界，則不能不爭，爭則亂，亂則窮。先王惡其亂也，故制禮義以分之，以養人之欲，給人之求，使欲必不窮（盡也）乎物，物必不屈（竭也）於欲，兩者相持而長（久也），是禮之所起也。

二、起於適應人情

《禮記・三年問》：

三年之喪何也？曰：稱情而立文。

又〈問喪〉：

此孝子之志也，人情之實也，禮義之經也，非從天降也，非從地出也，人情而已矣。

又云：

夫悲哀在中，故形變於外也，痛疾在心，故口不甘味，身不安美也。

三、起於政教要求

《禮記・祭義》：

合鬼與神，教之至也。

又云：

因物之精，制爲之極（最高崇敬），明命鬼神，以爲黔首則，百衆以畏，萬民以服。

四、起於社會需要

《禮記・曲禮》：

道德仁義，非禮不成；教訓正俗，非禮不備；分爭辯訟，非禮不決；君臣上下父子兄弟，非禮不定；宦學事師，非禮不親；班朝治軍，蒞官行法，非禮威嚴不行；禱祠祭祀，供給鬼神，非禮不誠不莊。

五、起於聖人制作

《禮記．曲禮》：

是故聖人作（起也），爲（制作）禮以教人，使人以有禮知自別於禽獸。

以上所說可謂都有依據，而且都有道理，事實上，一種制度的形成，不可能單純地只有一種起因，很可能每種原因都有。不過從中國歷史上來看，最早的禮，大概是屬於祭祀神鬼方面的，因爲「禮」字早期殷商甲骨卜辭即作「豊」，依羅振玉《觀堂集林》說，下半是豆，豆是盛肉類祭品的器皿，上半是一個器皿裡盛著兩串玉的玨，也是用來祭祀的供品，由於是有關神鬼之事，所以後來就加了示旁以表示之，而寫成「禮」字。祭祀神鬼，當有一定的儀式節目，因此而有禮節的意義。祭祀必須誠敬莊嚴，不可隨便，因此而有約束之義，儒家講求克己，克制欲望，所以荀子說禮起於節制欲望。約束即是說可以或不可以，也就是所謂「是非判斷」的觀念。人群共同生活既久，自然會產生感情，而感情必因相處的親疏遠近而有深淺厚薄之不同，相對地在來往之間也必須有等差的節度，於是形成應該或不應該，也就是所謂「等差判別」的觀念。

這些是非及等差觀念，當時也許只是一種自然形成的抽象而淡薄模糊的觀念而已，其後有高度智慧、能領導群眾思想及風氣的聖人出來，有鑒於社會正需要靠這是非、等差觀念來維繫其安寧的秩序；政治上也須要靠這兩種觀念來達到領導及教化的作用，加上適應社會人情的需要，於是禮由自然形成逐漸演變而為人為制定的型態，由抽象的觀念使其具體化，從淡薄微弱使其強化，於是固定形式的制度逐漸建立了起來，也就是合道德於藝術，從而使之產生強而有力的宗教式的信仰與教化的功能，這也是任何民族演進過程中必然的階段。

由於各種形式化的制度推行有效，於是更有聰明人想到從許多形式制度中，提煉出共同的中心思想來，使之更便於有效地實施教化，於是把抽象的是非和等差觀念愈加標準化，提出了「仁」、「義」兩大端來，作為儒家最重要的中心思想和道德主體，而具有藝術功能的禮樂形式，於是便成了儒家教化的工具。為了加強這種教化工具的效果，把仁義合於道德，把道德合於藝術，使仁義道德與藝術成為一體，內外雖然有別，而實則密不可分的形態於焉建立。形成我國禮具有至高尊崇的社會價值。將有形的物象，實質的物性，配以道德成分之後，使有形復歸於無形，使可見可聞的實象成為抽象聖潔的觀念，進而希望人在遵禮行儀之中揚棄其物性，攝取其理性，而形而下的器物儀節裡去體悟其形而上的道德內涵。此儒家聖哲沿承三代文明，而更予以深度淨化超脫後精采收穫。

人的實際社會生活裡，有許多必須加以秩序的規畫者，如男女之間，應該保持距離，以策安全。所以《禮記・曲禮》：

男女不雜坐，不同椸枷，不同巾櫛，不親授，嫂叔不通問，諸母不漱裳，外言不入於梱，內言不出於梱，女子許嫁纓，非有大故，不入其門，姑姊妹女子子，已嫁而反，兄弟弗與同席而坐，弗與同器而食。男女非有行媒，不相知名，非受幣，不交不親。

一夫一妻為正常之婚姻關係，婚姻關係要正常，首先就得重視男女有別，尤其是在開始交往之際，更應嚴守分際，不可輕易逾越，否則定會造成家庭不幸，《禮記・昏義》：

敬愼重正而後親之，禮之大體而所以成男女之別，而立夫婦之義也。男女有別，而後夫婦有義；夫婦有義，而後父子有親；父子有親，而後君臣有正。

又〈經解〉：

故昏姻之禮廢，則夫婦之道苦，而淫辟之罪多矣。

即使如現代進步開明的社會裡，婚前如果男女無別，茍且荒唐，總會造成婚後彼此心理上的陰影，家庭夫妻生活的不正常，不正常的家庭，如何要求父子相親？影響到社會，自是君臣不正，而淫辟之罪多矣。所以爲適應社會安寧，需要制定嚴男女之別的禮來作約束。

父母亡故，子女悲痛欲絕，但也不能任由子女傷痛頹廢終生，因此安排許多節目以幫助子女宣洩其內心的悲苦，並規畫一定的時限，以便於適當地收斂感情，逐漸恢復正常。如親人剛死，可以哭踊無數，大殮之後，則只能朝夕哭，既葬則卒哭，在別人面前就不准哭了，意思是表示能控制住悲傷了，然後還有小祥、大祥、練祭、禫祭等的安排，讓子女得有充分時間平抑悲痛、恢復正常，這都是爲順應人情需要而制的禮。其他如成年的冠禮，笄禮，男女的婚禮，追遠的祭禮，社交的相見禮，鄉飲酒禮、鄉射禮等許多儀節的設計，都是照應社會人情的需要而來制定的。

孔子曾說：

聽訟，吾猶人也，必也，使無訟乎。（《論語·顏淵》）

意思是說聽審訴訟，我跟別人是一樣的，但如果一定要問我和別人有何不同之處，則我希望能做到使民眾人人都能知禮守分，自動判斷是非，那樣就不會再有任何訴訟的案件了。禮能使人明辨是非，所以說分爭辯訟，非禮不決；敎訓正俗，非禮不備，因爲禮是人群必須共遵共守的生活原則，而這些原則未必是誰去制定的，大部分應該是自然形成的。

《禮記·祭統》：

禮有五經，莫重於祭。

祭禮是對已故親人追思懷念不已時，所設計安排讓人在心理上可以獲得滿足與安慰的一些節目，經由這些節目的進行，人們據此好像又可以再一次地與親人相聚，可以把感情延伸到久遠，人與人之間，原即靠感情來維繫，人能重視感情，則社會會顯得溫暖無比。

至如《禮記・冠義》：

凡人之所以爲人者，禮義也。禮義之始，在於正容體，齊顏色，順辭令。容體正，顏色齊，辭令順，而後禮義備，以正君臣，親父子，和長幼。君臣正，父子親，長幼和，而後禮義立。

從孩子的家庭教育著眼，要求從小日漸懂得對人有分寸、對事明是非，長幼能和，父子相親、君臣上下各安其份，社會上自然能興起禮義之風。所以禮不只是個人進德修業的規範，而且是社會安定、國家興盛的重要基礎，中國人如果失去了禮，誠如《禮記・禮運》所說：

故壞國喪家亡人，必先去其禮。

又如《禮記・經解》所說：

以舊禮爲無所用而去之者，必有亂患。

（原載國文天地144期）

「禮」從何來

一樁事件的發生，自有其前因後果；一項觀念的形成，也自有其凝聚的理路可尋；而一種制度的建立，也當有其醞釀發展的過程。「禮」在中國，是行事的準則，是一項重要的生活觀念，是一種關係到社會生態的制度。因此它的醞釀與建立，需要經過漫長歲月的發展過程，多少前人智慧的開墾，逐漸累積，始得形成足以代表中華文化特質的燦爛結晶。所以對於中國「禮」的瞭解，不能僅止於落實在生活層面的具體形式以爲滿足，必須透視其內含的蘊藏以及醞釀發展的變化過程，才能切實掌握其生命價值。因爲形式化的禮儀節目、器物數量等，都可以隨時代的不同而予以改變的。但其內含的精神價值、生活觀念，不應該隨著當時設計寄託的形式僵化，而一併廢棄。那些本質成分擁有著後世歷史的驗證，多少人口曾經行之有素的效果，足以肯定這份祖先珍貴的遺產，才是最適合我們國情民性的文化精華。

最早的禮應該是起於對天地神鬼的祭拜儀式。《禮記·禮運篇》：「是故夫禮，必本於天、殽於地、別於鬼神。」當先民面對風雨雷電、地震日蝕等自然界鉅大變化，人力無可抗拒，更無法理解時，深深恐懼之餘，自會感覺到似乎另有一種神秘威嚴的力量在主宰一切，操縱著人間的災禍與毀滅。為了祈求能避免傷害，於是就想出各種祭拜的方式、奉獻的牲品，以表達內心的敬畏與服從。這可以說全世界各民族起源時代的共識，所以英文的Ceremony或Ritual就是祭典禮儀或宗教儀式的意思。

我國現存早期的甲骨「卜辭」，就是卜問神明，指示吉凶的刻辭。從這些資料中，可以看到殷商時代許多有關對自然神及先公先王的祭祀名稱、及種種用牲的方法等。而且值得注意的是，大部份卜辭所反映出來的神，都是疾病、災害、咎禍的來源，可以瞭解祭禮最早源自於初民恐懼災禍，祈求避免的心理因素應該是一樣的。甲骨卜辭的「豊」字，下面是盛物的器皿，上面是用作祭品的「玨」，這也說明了禮字所表達的意象，原是牲品用在對神鬼的祭祀之中。（見王國維《觀堂集林》卷六〈釋禮〉：「象二玉在器之形。」）

殷商晚期，政治、經濟、社會各方面可能已產生許多改變，改變的完成，一般都歸功於周代，那是因爲許多文獻資料都是周人所寫的。譬如族內婚改爲族外婚，母系變爲父系，帝位的傳承由兄終弟及變爲世代相傳，嫡庶觀念的區別等這一系列的改變，完成於周代，無疑地提升了周文化的水準。再經醞釀發展，終於凝聚形成中華民族的文化特質。

在這段醞釀的過程中，最重要的是家族型態的標準逐漸建立。父系中心，嫡長繼承，別子爲祖，繼別爲宗，建立了縱向的宗法系統。母妻外黨，嫡庶不等，從堂昆弟有別、姑姊妹未嫁已嫁殊異、關係的親疏遠近、恩情的深淺厚薄，劃分等級，建立了橫向的血親喪服制度。於是家族的組織更爲嚴密，家族成員彼此之間的感情更有分寸。無形之中，那種濃厚的親情自然瀰漫於家族之中，甚至還延伸到早已過世的祖先身上，於是又建立了宗廟制度，以祭祀的方式表達我們對祖先的懷念與崇敬。

崇拜祖先，在殷商卜辭中也是常見的事，但在周代文獻中所呈現的卻有著極大的不同。周人心目中的祖先不再是掌握疾病、災害、咎禍的來源，而是極富人情意味，能福祐子孫的守護神；是篳路藍縷開創家業的紀念神；是光照歷史榮耀家族的尊嚴神。在尊尊之外，更強調親親的重要。這種觀念的轉變，就是由於家族型態經過強化之後，家族成員對於親情自然便投入了十分的關注，這正是人文意識的覺醒，是中華文化的一大進步。

由於強調親親觀念，自然促使每個人都能思考體認，我與別人之間應該保有如何的分寸。大範圍來說，至少能瞭解在五等喪服以內的血親，都是自己一家人。相對的在五服以外的，那都是路人。這種區分親疏遠近的內外觀，形成了對家族的向心力，榮辱與共，生死以之的責任感，使家族凝聚成爲堅實的個體，擁有著孫中山先生所謂的濃厚強烈的家族觀念。然後再由族外的婚姻關係作橋梁，不同的家族因而得有橫的聯繫，不斷的婚姻聯繫從而組成社會。

這樣的社會結構型態，由家族爲組成的單元，截然不同於直接以個人爲組成單元的西方社會。西方社會重視個人的權益與價值，強調人權，崇尙英雄，所以產生天演論物競天擇的競爭心態，刺激自然科學的發明，促進功利主義和資本主義社會思想的開展，這是自然的結果。

在中國則一向強調國有國法、家有家規，這並不表示國法家規有所衝突，而是讓人的問題先經過家族教育的統整規範，要求符合社會需求的人格水準，讓事的問題先經過家族中長者的嚴格思考，要求配合情理的適當處理；如此可以盡量減少國家社會的成本負擔，盡量避免對社會群眾造成不好的反教育影響。所謂家醜不可外揚，就是說家能夠預防或處理的，由家族自行負責。家族無法處理的，仍歸國法公義作最後的裁決。所謂「門內之治恩揜義，門外之治義斷恩。」（《禮記・喪服四制》）私恩公義，還是各有其適用價值的區別的。從這裏應該可以體察到，中國社會型態中處處都存在著對情義的關注，這是西方社會發展到今天仍然是最缺乏的一環。

東西方基本思想的歧異，關乎自然環境與民族性，原即是不能勉強這邊一定可以歸化到那邊的事，如今也無意於比較異同而作任何優劣善惡的判斷，只不過是在提示周代文化中，人文意識的提升對後世歷史社會影響最深最遠的，就是尊尊和親親的基本觀念。而這些觀念不但經過孔子的凝思，歸納爲仁和義，使之成爲儒學思想的中心；而且早已落實在生活層面中，形成各種有形及無形的「禮」，讓人們在遵禮行義的生活裏，潛移默化地接受這類思想的浸潤涵養。所以可以說，禮的本質就是仁和義的綜合：如果把仁義看作理想界，則親親、尊尊當歸之於思想界，禮則是落實在外面的現象界，而儀式節目則更是現象界的皮層工具而已。

曾有人說過，禮的功能在「定親疏，決嫌疑，別同異，明是非。」（《禮記．曲禮上》）定親疏，決嫌疑二者，是討論對人的分際；別同異，明是非二者則討論對事的看法。如果一個人懂得對人能掌握分寸，對事能判斷是非，則必然可以稱之爲「成人」，所以說「凡人之所以爲人者，禮義也。」（《禮記．冠義》），所以禮義是成其爲「人」的一項基本要件。成人之後的成家，踏入社會與人交往，爲人處事應有的態度，乃至於群體生活必須共同遵守的社會秩序，經營國家的體制，所謂「修己治人，經緯萬彙。」（見曾國藩《聖哲畫象記》），沒有那樣不可以歸屬於禮的現象界內，更沒有那一種禮不是源出於仁義理想界的本質。能理解中國的禮原來具有其特殊的內含本質，應知並非英文的Ceremony或Ritual所能涵括其義。同時當我們看到某些不懂的表層儀式，相信不會再因爲不懂而任意表示反感，甚至可以掌握本質，進而修訂某些不合現代的舊禮，或更創新時代需要的禮制。這也說明了何以在過去歷史上，也曾有過因應時代需要，而有人爲制禮的事實。

老子認爲禮起於「忠信之薄」（見《老子》第三十八章）。他的看法是由崇尚虛靜自然的理想推出，所以說「大道廢，有仁義」（《老子》第十八章），失仁失義而後不得已才有禮的產生，但也認同了禮是仁義本質的維護者或替代者。荀子認爲禮起於欲，因欲求無量而有爭亂，故先王制禮義以分之（參考《荀子·禮論》），則又是基於性僞理論的推衍，卻也認同禮具有維持仁義道德秩序的功能。這兩家各有其學術系統，這裏也不便多費筆墨，多作討論了。

（原載國文天地123期）

禮記的成書

六經之名，最早見於《莊子・天運》：「孔子謂老聃曰：丘治詩、書、禮、樂、易、春秋六經。」其中的禮經，是指《儀禮》，一直到西漢以前，凡稱「禮」者，都是指禮經而言，禮經就是《儀禮》。其後《史記・儒林傳》、《漢書・藝文志》、《禮記・經解》所稱都一樣。至漢時，樂經亡逸，武帝建元五年立五經博士於學官，禮經博士還是指專精於《儀禮》者，至漢靈帝刻石經時，《禮記》始被視為經書，宋・朱熹《儀禮經傳通解》將《儀禮》視為經，而以《禮記》為傳，因為《禮記》裡有不少篇幅確實是在為禮經作解說的文字。這些文字西漢時就稱為「禮記」或「記」。

《史記・孔子世家》：「故書傳、禮記自孔子。」

說禮

《漢書·河間獻王傳》：「獻王所得書，皆古文先秦舊書，周官、禮、禮記、孟子、老子之屬。」

又云：「禮者，禮經也，禮記者，諸儒記禮之說也。」

邵懿辰《禮經通論》：「周公制禮，而後名公卿賢行儒就其禮而爲之記。」

又《漢書藝文志·禮家》：「禮古經五十六卷，經七十（劉敞說當作十七）篇，記百三十一篇。」

《禮記》之成書，可分四階段：

一、附經而作

案記與經每相比附，如《儀禮·士冠禮》、〈士昏禮〉、〈鄉飲酒禮〉、〈鄉射禮〉、〈燕禮〉等十二篇末皆附有記。不附記者惟〈士相見禮〉、〈大射禮〉、〈士喪禮〉、〈少牢饋食禮〉及〈有司徹〉五篇之末無記文，但〈既夕禮〉爲〈士喪禮〉之下篇，〈有司徹〉爲〈少牢〉之下篇，故〈士喪〉及〈少牢〉本應無記，是則今本僅三篇之末無記耳。此記實為《禮記》之最初形態，即讀經之後，有所感發或領悟，順手寫於餘簡之上，是為附經而作之形態，故其內容如〈士冠・記〉下孔疏所云：「凡言記者，皆是記經不備，兼記經外遠古之言。」有解說禮義者，如〈士冠・記〉云：「適子冠於阼，以著代也，醮於客位，加有成也，三加彌尊，諭其志也，冠而字之，敬其名也。」有補經之不足者，如〈士昏・記〉云：「凡行事必用昏昕，受諸禰廟，辭無不腆，無辱。」亦有補足禮制者，如〈喪服・記〉云：「朋友麻。」短者三言兩語，如〈覲禮・記〉共三句十六字，長者自成篇幅。蓋視當時餘簡多少而定。

二、單獨成篇

若餘簡已被前人寫去，或意見頗多，而餘簡有限，後人遂只能另取他簡以抒己意，於是乃脫離了附於經後而有單獨成篇之形態。單篇之禮記，因不再附經，故內容範圍亦不限於與禮經有關，而可以任意擴大，且至時人行禮之得失記事等，皆得收入，遂成記禮之雜文。劉歆於整理禁中秘書而成《七略》時，得此類雜文，固嘗因其內容而歸類整理之，其內容相近，而得以標題之者，則題曰〈明堂陰陽記〉三十三篇、〈樂記〉二十三篇、〈王禹記〉二十四篇、〈孔子三朝記〉七篇等，於其無法歸類者，則總曰：「記百三十一篇。」（班固即據《七略》編入《漢書・藝文志》）是《禮記》原有單篇形態之明證。

三、匯編成書

西漢禮經博士有后倉、戴德、戴聖及慶普，各自名家，則其於學官中所講授者亦必有不同，其參考選用以闡釋禮經之記禮雜文取捨之間，亦必各依操選政之已見而為之，故各家所謂禮記，遂以各自選刪而有彼此不同的傳本，故知今傳大戴、小戴禮記，不過當時兩家傳本而已。鄭玄《六藝論》：「今禮記行於世者，戴德、戴聖之學也，德傳記八十五篇，則大戴禮是也，戴聖傳禮四十九篇，則此禮記是也。」今傳者即小戴（戴聖）四十九篇之禮記，是二戴禮記之成書也，然猶未成定本。

四、鄭注之後始有定本

劉歆力主古文，其〈讓太常博士書〉：「信口說而背傳記，是末師而非往古，至於國家將有大事，若立辟雍、封禪、巡狩之儀，則幽冥而莫知。」又云：「夫禮失求之於野，古文不猶愈於野乎。」此語顯係對當時禮學博士而言，且歆因此而去官，及王莽攝政，歆又以紅休侯總領儒林，於學官中禮經博士之講學及選採禮記諸事，蓋或有所指示，而禮記之奉命改編，參以古文資料，亦所難免，故今本四十九篇中，今文古文雜陳也。《後漢書．衛宏傳》先云三家立於學官，是為今文，繼云孔安國所獻古文，再云中興以後亦有二戴博士，是二戴禮記蓋兼采今古文家者亦明矣。

學官本小戴禮記既經增易，至鄭玄為之作注時所見，與戴聖初編之原來面目自有不同。《後漢書．鄭玄傳》：「遂造大學受業（何案：今文），又從東郡張恭祖受周官、禮記、左氏春秋、韓詩、古文尚書（何案：古文），以山東無足問者，乃西入關，因涿郡盧植事扶風馬融」。《隋書．經籍志》：「漢末馬融遂傳小戴之學，而鄭玄受業於馬融，又為之注」。是鄭玄禮記之學，得張恭祖之古文，又得馬融之今文，又《後漢書．董鈞傳》言董鈞傳慶氏之學，下文又云鄭玄嘗取古經校禮，有「取其義長者」之語，則鄭玄注禮記，蓋亦兼采慶氏之學矣，故郭嵩燾《禮記質疑・序》：「是鄭君於三家之書，會通抉擇，始注而傳之」是也。自鄭玄為之作注，小戴禮記始有定本。

小戴禮記相傳均為四十九篇，如劉向《別錄》、《後漢書・董鈞傳》、鄭玄《六藝論》、晉・陳邵《周禮論・序》幷同。其後《隋志》、《初學記》皆謂本四十六篇，後儒加三篇，仍足四十九之數。然四十九之數亦甚為怪也。

晉・陳邵《周禮論・序》云：「後漢馬融、盧植考諸家異同，附戴聖篇章，去其繁重，及其〈敍略〉，而行於世，即今《禮記》也，鄭玄亦因盧、馬之本而注焉。」由知鄭玄注之前小戴禮記原有〈敍略〉一篇，則當為五十或五十以上也。又《隋志》、《初學記》四十六篇之說，足證至唐代又亡逸了三篇，今本不知如何補足為四十九篇，則今本絕非戴聖初編之舊觀；恐與鄭玄所見亦有差異。

四十九篇《小戴禮記》各篇來源之傳說（參考王夢鷗先生〈小戴禮記考源〉載於《政大學報》第三期）：

曲禮：

1.先秦舊典。（鄭玄、孔穎達、賈公彥等說）

2.《曲臺記》之遺。（鄭樵、何異孫、陸奎勳等說）

檀弓：

1.自武、昭迄成、哀之世爲古記之一，未有篇名，蓋晚周之人憑耳食之言而爲之記，東漢鄭玄始分之爲上下。（王夢鷗先生說）

王制：

1.漢文帝十五年，使博士刺六經而作。（盧植說）

2.非博士作，乃舊典之遺。（王鳴盛、何焯、孫志祖、臧庸、左暄、姚範等說）

月令：

說禮

1.周公作。（賈逵、馬融等說）

2.與《呂氏春秋》首章同，因謂呂不韋作。（鄭玄說）

3.馬融鈔合。（《隋書・經籍志》說）

曾子問：

1.曾子之學。（淸末・王安定《曾子家語》說）

禮運、禮器、郊特牲三篇：

1.原爲《曲臺記》中之一篇割裂爲三。（邵懿辰說）

內則：

1.先秦古經舊典。（《朱子語錄》說）

2.亦有雜綴古傳遺文。（王夢鷗先生說）

玉藻：

1.后倉《曲臺記》之一部份，又有採自〈明堂陰陽〉或〈王史氏記〉者。（王夢鷗先生說）

明堂位：

1.馬融鈔合。（《隋書・經籍志》說）
2.馬融自撰。（陸奎勳引鄭樵說）
3.新莽時人作。（方苞說）
4.申公弟子記錄，莽時有所增飾。（陸奎勳說）

喪服小記、大傳：

1.疑此二篇原是一篇，乃亂自東漢中葉分之爲二，或即其時小戴博士之所爲。（王夢鷗先生說）

少儀：

1.疑與〈曲禮〉皆係經生所作之《曲禮》經訓的殘本，經小戴博士分

合編訂，始各獨立。（王夢鷗先生說）

學記：

1. 漢・毛生作。（《隋書・禮樂志・敍》引沈約說）

樂記：

1. 劉向校書得二十三篇，河間獻王與毛生等共采諸子、《周官》之言樂事者以作。（《漢書・藝文志》說）
2. 劉向所得二十三篇中之十一篇，又據合爲一篇。（鄭玄說）
3. 公孫尼子作。（孔疏引沈約說）

雜記：

1. 所記之事甚雜，記事之人亦雜，然皆魯禮也。（陸奎勳說）
2. 原僅一篇，據古逸殘文輯入，戴聖以後，襲其位者，附益漸滋，始分之爲上下。（王夢鷗先生說）

喪大記：

1.自鄭玄以下，說者無不謂其與《儀禮》關係密切，而純屬西漢今文學家，以之為《小戴禮記》眞傳，固不為過。（王夢鷗先生說）

祭法：

1.本為禮古記百三十一篇之一。（錢大昕《二十二史考異》說）

祭義：

1.疑為古〈祭義〉之講疏，其間又亂以他書的文句而成者，其為東漢明、章以後博士的講章殘文乎？（王夢鷗先生說）

祭統：

1.疑本古〈祭義〉之文，後有摻入他文者，或係成、哀之間博士所作古〈祭義〉之傳記，至莽世講禮者又有所附益。（王夢鷗先生說）

說禮

經解：

1.文墨之士所爲。（程頤〈答呂與叔書〉）

2.蓋經生雜掇古記以成篇。（王夢鷗先生說）

哀公問：

1.與《大戴禮記‧哀公問於孔子》同抄自一書，此蓋其節錄也。（王夢鷗先生說）

仲尼燕居、孔子閒居：

1.稱仲尼者魯、齊所記，稱孔子者則西河所流傳也。（陸奎勳說）

2.大抵皆老、莊之徒冒竊孔子之名，以陰行其說者，〈孔子閒居〉尤全露老、莊面目。（姚際恆說）

3.疑本出於古《家語》之舊文。（王夢鷗先生說）

坊記：

1.子思子作。（孔疏引沈約說）

2.賈誼、董仲舒所記前人之語。（程顥《明道語錄》說）

中庸：

1.子思子作。（《史記・孔子世家》、《孔叢子》、鄭玄《三禮目錄》、沈約等說）

2.孔子自撰，子思爲之綜次。（毛先舒《聖學眞語》說）

3.孔子傳曾子，曾子傳子思。（呂大臨、羅仲素、翟灝等說）

表記、緇衣：

1.〈表記〉爲子思所作。（沈約說）

2.〈表記〉爲公孫尼子所作。（《經典釋文》引南齊・劉瓛說，沈園欽韓、馬國翰等同）

3. 本爲一篇離析爲二。（姜兆錫說）

4. 疑爲荀氏後學所爲。（王夢鷗先生說）

奔喪：

1. 孔壁所出古逸禮五十六篇之一。（鄭玄《三禮目錄》說）

2. 或係西漢末博士雜掇古逸禮而爲之記。（王夢鷗先生說）

問喪、服問、間傳：

1. 此三篇當併〈喪服小記〉、〈喪大記〉俱屬夏侯氏、后氏以迄二戴之眞傳矣。（王夢鷗先生說）

三年問：

1. 《荀子・禮論》中之一節。（姚際恆說）

深衣：

投壺：

1.漢代之作。（陸奎勳說）

2.疑係秦、漢間魯儒依本地服式而爲之言。（王夢鷗先生說）

投壺：

1.逸〈曲禮〉之正篇。（鄭玄說）

2.叔孫通薛人，其弟子多魯人，此疑即魯薛儒生雜纂之文。（王夢鷗先生說）

儒行：

1.戰國之時，墨子常非儒，故後之儒士作爲此篇。（姚際恆說）

2.倘《荀子》之書係其後人所輯，則此篇亦宜爲其後人所作者也。秦、漢之際，如酈食其、陸賈之流，方其面對劉季賤儒態度，其答言亦有類乎本篇語意。（王夢鷗先生說）

大學：

說禮

1.孔氏遺書。（程頤說）

2.孔子筆之於書。（朱熹〈癸未垂拱奏劄〉說）

3.經一章，孔子之言，曾子述之，傳十章，曾子之意，門人記之。（朱熹〈大學章句〉說）

4.成於曾子門人之手，子思以授孟子。（朱熹〈大學或問〉說）

5.曾子之書。（黎立武〈大學發微〉說）

6.曾子門人。（何異孫《十一經問對》、翟灝《四書考異》說）

7.子思作。（鄭曉《大學源流》說）

8.出於漢興以後。（傅斯年〈與顧頡剛論古文書〉說）

冠義、昏義、鄉飲酒義、射義、燕義、聘義：

1.疑出於《白虎通》之後，恐亦東漢經生所附益，總之，疑此六篇乃東漢明、章以後習見今古傳記之經生筆記，被拉雜編附於《小戴禮記》之末者。（王夢鷗先生說）

喪服四制：

1.疑與上六篇同爲東漢博士經生所保存之劄記殘本。（王夢鷗先生說）

以上四十六篇來源之傳說，其中〈曲禮〉、〈檀弓〉、〈雜記〉各分上、下，故仍爲四十九篇之數。

（原載國文天地147期）

禮之內涵（上）

一、禮的義與儀

關於禮的內涵本質，《春秋左氏傳》裡有幾句話說得很好：

夫禮，天之經也，地之義也，民之行也。（昭公二十五年傳文）

政之輿也。（襄公二十一年傳文）

國之幹也。（襄公三十年傳文）

經，是永遠不變的原則；義，是崇高完美的理想；行，是實際生活的規範；輿，是推行政教的工具；幹，是國家社會的組織制度。

原則、理想是屬於抽象的思想理念：而規範、工具、制度都應該是比較具體形式方面的東西。具體的形式必須依賴思想理念才能保有其價值；而抽象的思想理念，又必須寄託於形式的表現，然後才能存在。兩者之間自有著密不可分的關係。

當人類群居，共同生活，逐漸組織家庭，形成部落、社會、國家的過程中，由於人類具有情感和理性的交互作用，於是在人與人之間，自然會產生一些爲維繫彼此共同生活上實際需要的原則，這些原則，起初也許不過是一些廣泛籠統而且不甚固定的抽象意識，然而經過不少聰明睿智的領導者，先後著意地予以強調並使之昇華善化，再經洗煉固定之後，就形成了崇高而完美的理想概念。這些概念既然是崇高而完美的理想，當然就希望它對人群共同生活能產生高度的指導作用，和永久持續的功效，這種希望的實現，如果只靠理論的分析、思想的說明，大概祇有少數人能瞭解；因此希望對人群普遍地發生作用，就必需利用一些簡單而容易做的形式，先作普遍的推廣實行，讓人們在習以爲常的慣性中，潛移默化地漸漸領悟其中的道理，於是小的方面，在個人的生活行爲規範上，大的方面，在國家社會的組織制度上，都朝著崇高完美的理想目標，形成了許多具體可行而有效的禮文規定。如人人都能按照規定認眞去做，久而久之，政治教育的推行，藉著這些規定作基礎，人群社會自能產生維持秩序和促進文明的實效。由這樣地持續發展，逐漸形成了中國傳統文化裡色彩最濃厚、影響最深遠的重要智慧結晶，那就是「禮」。

所以禮在實質上，原應包括「義」和「儀」這兩部份。義與儀既是密不可分的，因此在語言的根源上是相同的，也就是說古音全同。在文字的表達上也是用既有的義字加個人爲的人旁作儀。由此可見「儀」必須以「義」爲基礎，而「義」也必然包容在人爲形式的「儀」中。

有了這樣的瞭解之後，相信對那些已成過去的禮儀制度，我們不再會存有過份鄙棄的心理，而對那些包含在過去禮儀制度裡，確實具有當時社會價值，具有崇高完美的理想，影響深遠的傳統禮義，更會啟發我們深入探討的興趣。

二、禮義的內涵本質

禮義的基礎，實際就是人類情感與理性得到協同調和的結果；如今我們就從這兩方面的分析來說明禮義的內涵本質。

人與人相處日久，自然會產生情感，但相處的時間有久有暫，所產生的情感，當然也就有深有淺、有厚有薄，於是在人我之間相對的人際關係，也就有了親疏遠近的差異；再加上濃淡不同的血緣成份，這種差異性就顯得非常錯綜而複雜，絕不是簡單的條理所能說得清楚，當然，這麼複雜的人際關係，與親疏遠近的差異性，在世界各民族各國家的形成過程中，都是必然存在的；但是給予特別重視和強調，使之成爲具體的等差觀念，而且在社會人群生活中產生重大影響作用者卻祇有我們中國人，所以「禮」才會成爲代表中國傳統文化的重點之一。

其次，人與人接觸之後，必然有許多事情發生，事有多寡得失，情有眞僞曲直，其間自然免不了有不少的爭執與紛擾，這也是任何人群社會中必然具有的現象，但是開闊的環境，四季分明的氣候等自然因素孕育而成的中國人的民族性，畢竟與其他地區的民族性不可能完全相同，以此特有的中國民族性爲基礎，經由理性作用的高度發揮，逐漸形成了共同認定的評判基準和是非觀念。所謂評判基準和是非觀念，在任何民族發展史上也是一定會具備的，但每個地區的基準和觀念，總有其實質及內容上的差異的。至少可以看出中國人所持有的往往都是屬於大體原則性的，也可以說我們比較重視那些原則性的是非觀念，而不需要那種極爲細密的法律條文，因爲再細密的條文，也難免有疏漏的地方，而大體原則性的觀念，倒反而可以涵蓋一切，所以這種經由理性作用的發揮，所逐漸確定的是非原則，在過去多少年代的社會中，往往都可以使各種紛擾的事件，獲得合情合理的解決，使人群生活能始終保有持續的平和寧靜。一直到今天，在現代的社會生活中，依舊有不少地方，繼續承受這些觀念的影響；可惜的是很少有人能知道這些觀念的來源。但當我們在是非觀念上，如果察覺有很多與西方人完全不同，或不完全相同時，應該可以想到這就是我們中國人禮教的評判基準，所形成是非觀念的本質。

以上所談到的「等差」觀念和「是非」觀念，都是古代聖哲從我們東方民族的生活意識中，著意地予以強調昇華，逐漸經過洗鍊之後，所凝聚形成的，這些都是禮義內涵的本質。爲了便於說明，容易瞭解，所以盡量利用現代的名詞，名詞雖然是現代的，但其特質內涵，則是早已就存在的。

三、等差觀念的發展與影響

㈠等差觀念的發展

古代聖哲既然已經注意到，由情感因素所產生的人際關係及其等差性的存在和重要，於是就依據當時的生活狀況，因勢利導制定了許多影響深遠的制度，利用這些制度的實行與推廣，來提煉原則、達成理想，在許多制度之中，最重要的應該就是宗法和喪祭的制度了。

具有血緣關係的基礎，加上共同生活的情感成份，同一家族裡的人畢竟不同於外人，其間的差異性最爲明顯，所以當時現有的家族，很自然地就成爲強化組織以建立制度的基本單元。先把家人和外人分隔爲兩大類，然後再把龐大的家族組織建立起來，宗法和喪服制度就是因應組織家族的需要而產生的，宗法是建立家族的廣大輪廓，而喪服制度則是親屬關係的精密區分，憑藉這兩項制度的普遍推廣實行之後，眞正屬於中國傳統的家族觀念才能正式形成，才能成為影響後世歷史社會，根深柢固的中國文化的特色。

家族觀念的理論基礎，就是深淺厚薄的相對等差觀念。由於強調等差的結果，從「血濃於水」的內外分類，終於形成「五倫」的概念，我們所謂的五倫是：

君臣　父子　夫婦　兄弟　朋友

這種層次的排列並不僅是從上到下，表示尊卑上下的等級；而且也是表示由內而外的發展形態。因為這也說明五倫是以夫婦作為中心，逐漸由此向外擴展的層次，事實上必然是先有夫婦，而後才有父子，而父子而後才有兄弟，有父子上下相對的關係，而後才能擴展到君臣上下的對待；有兄弟平輩的相對關係，而後才能擴展到朋友的平等相待，所以五倫的形成應該是以中心的夫婦為起點，這就是《禮記・中庸》所說的「君子之道，造端乎夫婦」，又〈昏義〉篇也說：「夫婦有義，而後父子有親，父子有親，而後君臣有正」。由此可知人倫關係眞正的核心是家族，君臣、朋友的關係都是由此外衍的末梢。

一個大家族之內，成員間相對的關係也非常複雜，宗法把世代的承繼和分支系統建立起來，嫡長衆庶的界限分劃清楚；每一支系裡，自己與其他人之間，必然有著各種不同的差異性存在，不可能一視同仁的，孟子就曾經爲了肯定愛有差等，和墨者夷之有過一段辯論，如何才能把這種差異作精密的區分而且又要使人人都能很清楚，當然不是一件容易的事，於是就利用喪服制度的推行，來達成這項任務，因爲喪服制度制定了喪服的各種等級及各種變化情況的因應措施，精密細緻地區分了親屬間的等差，深淺厚薄、親疏遠近的差異性自然就非常清楚地顯現出來了，這裡不須對宗法和喪服制度的內容作較詳細的說明，祇要說明由於這兩種制度的推廣實施之後，等差觀念發展的結果如何？

1.家族觀念

在人際關係獲得如此完備而精密的劃分之後，每個人都會特別珍重自己與家人之間的情感關聯，無形中促使每個人對家族產生強烈的向心力，沒有其他的利害因素，也毋需任何條件，祇因爲五服之內都是一家人，甚至於祇由於是同一個姓、同一個宗，就會感到非常的親切和接近，久而久之,自然培養形成團結不分的精神,這就是所謂濃厚的家族觀念。必要時,這種觀念可以稍予擴大也能產生同樣強烈的家族意識與國家觀念。這種團結不分的家族一統觀念,反映在歷史上的影響既深且遠,譬如說歷史上儘管有過多少次分裂對峙的時代,但由於根深柢固的家族一統,要求完整觀念的影響,最後還是分久必合而歸於一統的局面。在西方一個家族可以分裂爲各自獨立的許多國家,因此在他們的心目中,對中國這樣廣大的土地,眾多的人口,卻能始終保持一統的現象,不僅感到驚奇,甚至感到可怕。而共產集權何以處心積慮一定要破壞我們傳統的家族型態,也就是這個道理。因爲破壞了家族型態,就自然瓦解了我們對國家民族強烈的團結向心力,以便於達到他們極權統治的目的。

2. 名份觀念

宗法與喪服制度所產生的向心力,把一家人緊緊地凝聚在一起之後,在我與家人之間自然就有親疏遠近各種不同的關係存在,由這些關係的組合,使家族的組織更爲嚴密而完整,爲了須要強調其差異性,所以首先必須非常細密地來區分這些錯綜複雜的親屬關係,以及彼此相互對待之間,遠近程度上的差異，譬如父親的兄弟稱世叔父，祖父的兄弟稱從祖祖父，曾祖父的兄弟稱族曾祖父，又如和自己同輩份的，同父的稱兄弟，同祖父的、伯父或叔父的兒子，稱爲從父昆弟（俗稱堂兄弟），同一曾祖的，也就是從祖祖父的孫子，稱爲從祖昆弟（俗稱從堂兄弟），再遠一層的如同一高祖的就稱爲族昆弟，又如女性方面，同父稱姊妹，父親的姊妹稱姑，姑的女兒稱爲從父姊妹（俗稱姑表姊妹），母親的姊妹稱從母（俗稱爲姨），從母的女兒稱從母姊妹（俗稱姨表姊妹），這些既繁密而又複雜的親屬關係，要想把其間的差異性分劃清楚，不但是一般人不可能完全記得，就算是曾經作過研究的人，貿然間也會說不出來，所以要靠喪服制度詳密地分劃等差，再經長時期的通用實行之後，自然人人都會知道自己與整個家族中的每一分子間，親疏遠近的關係究竟是如何的了。

因此在禮義內涵的發展上來說，除了建立完整的家族體系之外，進而必然會發展到「名分」和「秩序」觀念上去。「名分」觀念是分劃的作用，而「秩序」觀念則是調和的作用，在禮的內涵實質中也是非常重要的一環。發展的趨勢如再往前推一步，「名分」和「秩序」觀念的建立，實際就是國家體制、社會組織的張本。所以莊子曾說過：「春秋以導名分」，《春秋三傳》對孔子修《春秋》嚴正名分以維綱紀的宗旨，都有相當的發揮，孔子自己也特別強調「君君，臣臣，父父，子子」的名分觀念，就是因爲春秋時代，名分觀念遭到破壞，秩序紊亂，所以必須這樣大聲疾呼地要求大家恢復對名分觀念的重視，以維護國家社會秩序的基礎。因此凡是與名分制度、尊卑秩序有關的事，如體國經野、設官分職、觀象授時等項目，在秦蕙田的《五禮通考》中都列爲禮的範疇，就是這個道理。

3. 倫理觀念

名分觀念的建立，在家族制度裡所產生的作用，當然是人我彼此間親屬關係的體認，與親疏遠近、上下尊卑秩序的建立，除此之外應該還有更重要的發展和影響，由於對家族強烈向心力的作用，以及相對親屬關係的建立，自會促使我們對每個家人，主動地付出深淺厚薄不同的感情，這是說不僅要求家族親屬關係在名義上的認識與維持爲滿足，而是要更進一步要求自己如何才能眞正切實做到實質上的對待關係，譬如父與子是名義上的家族關係，而且有尊卑上下的秩序關係存在，而父子之間還有一層濃厚的情感成分，基於這種情感作用，父親自然會主動地全心全意去愛護自己的兒女，兒女也會由衷地孝敬自己的父母，這種主動的付出，才是實質上的對待關係，所以在中國人的社會裡，非常講究「父慈，子孝，兄友，弟恭」等這類相對而主動付出的態度，要比西方人重視，而且嚴格得多，就是因爲我們對這方面的體認要比較深刻的緣故，社會上對這種實質相對的態度，人人都有了相當深刻體認之後，漸漸就形成了一種主動的責任感，沒有任何壓力，沒有絲毫強迫，非常自然地認定我既然是甚麼身份，就應該具有付出甚麼樣感情的責任，甚至可以說這祇是單方面的奉獻，而不是權力與義務相對的情況才能成立，不管對方如何對我，祇問我是否已經盡力，這才是眞正感情的奉獻，這種主動責任感的感情奉獻，逐漸形成凝固的觀念時，這就是我們中國傳統文化中最寶貴的「倫理觀念」。由於這種觀念的保存和持續，才顯得我們的社會充滿了人情的溫暖，人生的旅程，自幼至老，每一階段都是那樣的充實而有意義。

（原載國文天地150期）

禮之内涵（中）

㈡等差觀念的影響

任何現代國家的教育，沒有不重視對本國歷史文化的介紹、和國民服務社會觀念的建立，沒有這兩項深刻的認識，不足以成爲健全的國民，就算聰明才智再高、科學技能再優越、事業成就再輝煌，如果對本國歷史文化沒有認識，沒有學以致用的服務觀念，缺乏這種思想紮根的教育基礎，就像無根的飄萍，隨時都可以接受較優的待遇而隨風飄走，所以每個國家的教育課程，任何一個階段都不厭其煩地重複再三地安排有關歷史和公民道德教育的科目，就是這個原因。美國政府規定，凡申請入美國籍的人，除其他必備的條件外，還要通過一項考試，應試的科目有二，一是美國歷史，一是美國憲法，這說明了要想成爲他們國家的國民，必須熟悉其歷史，熟悉歷史才能愛他們的國家；熱愛其憲法才能瞭解他們立國的精神、和建立服務社會的信念，這祇不過是舉例，主要在說明歷史，公民道德，和社會服務等這些人文方面的知識，對國家的建立、人民的教育來說，遠比科學技能的知識要重要得多，因爲這些才是眞正培養「人」的根本。

不過現代教育中的人文思想科目都是交由各級學校的教師，利用課本來講授，多半是照本宣科，唸過而已，然而在古代卻是在實際生活節目中讓孩子們由身體力行來獲取經驗，效果當是不可同日而語。

古代具有人文思想教育意義的實際生活節目，說來實在是太多了，其中績效最顯著的當屬喪祭的制度，曾子曾說過：「愼終追遠，民德歸厚矣」，愼終就是指喪禮；追遠就是指祭禮，曾子的意思是說，如能把喪祭二禮切實普遍推行，使人人能體會這些禮制設置的原意，社會風氣，人的品德行爲自會歸向於醇厚，由此可見喪祭之禮，其內涵特質的發展，確是具有非常深厚影響作用的。

1. 敦厚社會人情

家屬親人活在世上時，由於共同生活所培養的深厚情感，深植於心，絕非任何情況或條件所可以改變或抹煞的。因此當親人亡故時，內心的悲哀傷痛是不言而喻的，如果沒有適當的儀節來幫助宣洩痛苦、疏導情感、節制哀痛，很可能有些人就會由於打擊太重、哀痛過甚、承擔不了，無法振作而從此頹廢下去，這又是社會成員的損失，所以喪禮的制定，其正面的意義是一種善意的疏導和節制，然而這又何嘗不是一種敦厚人情的機會教育呢？禽獸尚且有感情，何況是人？人與人之間就因為有感情，所以社會才溫暖、人生才有意義。這些道理，平時說得再多，也沒有在這種眞情流露的時候，給人的印象更深刻的了，這應該是給予子弟實際生活教育最好的機會，更是難得的機會，《禮記．曲禮》說：「不勝喪，乃比於不慈不孝」，是說由於哀毀過度，身體虛弱，不能支撐到喪禮的完成，固然是對不起已故的親長，謂之不孝；同時也對不起自己的子弟，沒有給他們實際的生活教育，所以謂之不慈，哀痛得支撐不下，尙且給予這麼嚴厲的責備，如果是根本不願舉辦的話，那就更嚴重了。因此喪禮的實施，在情義的發展上來說，其重大的影響還是在於敦厚人情。祭禮又是喪禮的延續，祭禮也一樣具有這層作用，所以在中國社會中，喪禮和祭禮的進行，不僅是比較隆重，而且是非常愼重莊嚴的。

2. 體驗歷史價值

當親人亡故之後，這份深厚的感情不見得會被時間的流移所沖淡以至於消失，甚至還會因此而更加深內心隱藏的懷念，和永恆的崇敬景仰，於是爲滿足我們內在懷念與景仰心理的需要，延續喪禮的祭禮於焉產生，不過在祭禮的內涵意義中，除了上述滿足懷念與景仰的作用外，還含有深重的歷史教育意義。《禮記．祭義》說：「教民反古復始，不忘其所由生」，是說祭禮的作用主要是在教導人民要認淸自己本身是從哪裡來的，自然就應該懂得尊重歷史，譬如今天住的房屋，好像說是我買的，價値當然是屬於我個人的；但是如果沒有前人的發明和改進，沒有現代人的設計建造，也不可能擁有這樣的享受。

所以祭禮的精神，不僅是懷念，而且要求體念人生，現實的生活，並不能代表整個人生；必須要把歷史加進去，才是完整人生的累積，個人的生命祇是一個點，和家族結合起來才是一個面，結合了縱的歷史過程中的每一橫面，才能體會到我們的生命原是立體的，誠如佛家所說的有前世、今生、來世一樣，我不僅與現在的家人有關，而且也應與歷史上的家族，甚至與後世的子孫也息息相關，整個的世代家族原是一個整體，更進而可以體認到與國家民族也是密不可分的，有了這樣的認識之後，至少加強了個人生存的信念，不會再有我的生死榮辱與別人無關的想法；而且進而加強了自己對凝聚整體的責任感，人人重視自己的歷史，人人更愛自己的國家，所以祭禮內涵精神的發展，促成歷史教育意義廣泛而普遍地被人們所接受，從而為建立文化傳統紮牢根基。

3. 啟示貢獻精神

由於喪祭之禮的普遍推廣，使社會人們從實際生活行為中，深切體會到個人與祖先，今人與古人的結合，才是有價值的人生；同時尤其是在我們感念祖先創業維艱的心情之下自然更能領悟到子孫應該守成不易的道理。祖先們蓽路藍縷，以啟山林，辛辛苦苦開創下這份家業，我們子孫既已繼承了這份遺產，就該想到如何珍視它，該如何地維護它，更該想到如何盡心盡力去開發擴展它使祖先努力的成果更豐碩、輝煌，於是就會感到自己的生存在整個家族的延續歷程上是多麼的重要，每一點滴的生命，都負有重大的歷史任務，由重視自己的生存意義和生命價值，從而激發其對時代應有的責任感。慢慢就會體察到人生在世，並不是純以享受爲滿足，而是以服務貢獻爲目的，没有服務貢獻，就没有資格享受的眞諦，這一點與西方社會所強調的個人主義、享樂主義等，是完全不同的，這也是祭禮的內涵所發展出來的一種結晶。

（原載國文天地151期）

禮之內涵(下)

四、是非觀念的發展與影響

(一)是非觀念的發展

由情感的成分差異，而產生了等差觀念，由理性作用的發揮，而產生了是非觀念，這都是禮義精神的重要部分。孟子所說的人性四端，惻隱之心是情感的作用，而羞惡之心、是非之心、辭讓之心則都是屬於理性作用的是非觀念的範圍，所以小至個人心性的修養、生活行爲的原則，大至社會道德的基準政治的意識型態等，都離不開這是非觀念的。由於中國的地理環境、自然氣候人文歷史等因素，所逐漸孕育形成的民族特性與其他地區的民族性相比較，似乎偏向於溫和與持重些，對於是非觀的認定沒有西方人那麼細密，但卻是非常嚴格，也就是說比較著重於大體的原則，而不需要很細密的法定條文，原則一經認定，則一定是共同遵守，絕不容許懷疑反對或否定，而且這些大體的原則未必要有明顯的文字記錄，只是父以教子，師以授徒，根深柢固地形成爲傳統思想。

這些流傳久遠影響極廣的傳統思想，大部份都可以在儒家的經典裡找到根源。所以可以說這些大體的原則實際上就是由儒家的先聖先賢們，歷經長期的觀察思考，體驗人生，而後提煉出來的精華，用以指導古代民眾如何爲人處世的方針，因此這些原則是多少人智慧的結晶，又加上多少年代的洗煉，而始終具備適用的價值，應該可以看作是最足以代表中國社會珍貴的特色。許多特色一時也說不完，現在所談的不過是幾項比較重要的項目而已。

1. 性善論

人的本性，應該是很複雜的，不過在人事發生糾紛爭執，或情理有了眞僞曲直，而又很難評斷是非時，強調人性本善的理論，確實是排難解紛、解決問題最根本的好辦法。因爲人情事理發生問題，不可能有固定的型態，當然更不可能有爲每一種不固定型態的問題分別來擬定解決的辦法，也就是說法定條文永遠無法涵蓋一切變故的道理。但如果能特別強調人性善良的那一面，說你的本質原是非常純潔善良的，這些話人人都會接受，也是人人都願意承認的，接著再說爲什麼人會有不正當的行爲？那都是出於外在事物的引誘，如能排除外物的引誘，完全以善良的本性來作判斷，一件事的是非曲直不就是很容易解決了嗎？性善理論既然能解決一切人情事理的糾紛，而且又容易爲一般人所接受，因此正統的儒家思想必然就會把基礎建立在這個理論上，而且特別加以強調，使之成爲處理問題的一項基本原則，當然，性善理論的構成，尚須有其他條件的配合，但無論如何，這是由是非觀念發展而來的一項重大收穫。

2. 道德觀

既以人性本善作爲對人情事理的判斷基準，慢慢地在人群社會中自然就會醞釀形成公共秩序的共遵原則，這些原則並沒有任何文字的記錄，但卻是人人知悉、大家遵守，孔子說：「文武之道，未墜於地，在人，賢者識其大者，不肖者識其小者」。是說先王治民之道，至今猶未消失，而是保存在每個人的心裡，不過水準高的人能記得那些大的原則，水準較低的也能記得一些小的規矩罷了，所謂「在人」就是俗語所說「公道自在人心」的意思，所謂原則、所謂公道，就是指得到公認共同遵守的道德觀念。孔子又曾說過：「吾志在《孝經》，而行在《春秋》」，是說《孝經》足以指導個人的心性修養而《春秋》則足以指導公共行為，我們讀《春秋三傳》裡面有很多「禮也」、「非禮也」、「正也」、「非正也」的判斷句，可以說全是根據公共道德觀念，對各種社會國家中的人情事理所作的裁決，從這許多的判斷中應該可以歸納出諸多的條例來，但並不是先有這些條例然後才能作判斷的，當時很可能就是一些大體的概念，然而就是這樣籠統大概的「禮」與「非禮」，「正」與「不正」，就足以涵蓋包容一切的是非。

歷代的史傳裡，常常可以看到有人引用《春秋》大義來作評論依據，現在我們也常對社會事件或某人行為下結論，說這件事是不對的，說這個人不可取，嚴格地說，這樣的結論好像並沒有甚麼明確的依據，但又好像是人同此心，心同此理，應該是這樣的，這就是深植人心的道德觀念的作用，祇是我們一時說不出其來由而已。又如論人說某人誠信可取，論事說此事不太「光明」，「天怒人怨」，或是說「平生不作虧心事，夜半敲門心不驚」等，誠信、光明、不虧心等，就是一些公認的道德觀，至於為什麼就可取？為什麼會天怒人怨？為什麼心不驚？則未必能說出個道理來，又如「事兩君者不容」、「道義當前，不計利害」等這類的話很多，人人都肯定是對的，卻都不大知道是為什麼。

3. 整體觀

這當然與家族觀念有關，因為家族觀念就是要培養凝聚團結的精神，聚結之後自會顯現出整體的力量與重要，而整體觀作用的發揮，往往出現在是非之爭與義利之辨上，所以也不妨置於是非觀念的發展中來說明。

當人情事理發生是非爭執時，一則是強調人性本善以激發其本身的良知，由自己內心先作檢討與裁判，同時對外在的事物也應有客觀的比較與選擇，究竟其大小如何，輕重如何，經過比較之後，確定了選擇標準，應以重大者為優先，這絕不是空洞的理論，而是經過長期的培養之後，人人都能去做的事實，我們的父老長輩，無論在平時的言行，或實際的選擇上，都能給子弟們這樣清晰的概念，讓他們要懂得「識大體」、「明大義」、「人人從大體著眼」、「事事要分別輕重」。在寬廣的環境、明朗的自然氣候、加上溫和的民族性，傳統的家族團聚的生活狀態，自然容易培養成開闊的心胸、恢宏的氣度、遠大的眼光、穩重的生活態度，遇事就不會以一己之私欲爲主，而能以大體爲重。有了這樣簡單而又應用普遍的原則，才能產生「犧牲小我，成全大我」的意識，才能具備「以天下爲己任」的胸襟，才能有「鞠躬盡瘁，死而後已」的諸葛亮，才能有「先天下之憂而憂，後天下之樂而樂」的范仲淹，才會有「殺身成仁，捨生取義」的文天祥、史可法，其實無論大至於生死義利之辨，小至於思想行爲的是非曲直，都會發現這種識大體思想觀念的深刻影響，《高世傳》裡記載黔婁死後，家貧無長物以覆體，其弟子有人建議把舊被單斜過來蓋就可以了，其妻認爲與黔婁一生方正的爲人態度不合而不予採納，這雖然是一件小事，卻也足以看出這種整體觀的普遍存在了。

㈡是非觀念的影響

1.建立行為基準

是非觀念的發展，反映在現實生活上，最直接的影響當然是個人思想行爲基準的建立。人的典型標準，就是依照這種觀念的發展，接受發展之後所形成的各項原則爲其主要條件；由此而建立了傳統的教育目標與要求，孔子更利用現成的文獻，加以整理；配合這些原則與要求，編製了各種教科書推廣教育，期使後世子弟都能適合這樣的標準典型，《周易》教我們如何觀察人事的變化，《尙書》教我們瞭解政治的原理原則，《詩經》則是教我們培養溫厚的性格，《樂經》教人如何調和性情，《春秋》教人如何判斷是非，勸善懲惡，《禮經》則是直接而正面地規畫如何培養眞誠主善的心意，與優美正確的儀態行爲，六經的教育目標最後都是歸屬到禮的要求。所以《荀子》說：「學至乎禮而止矣」。這些大體的要求之外，還有很細密的進修計劃，格物，致知，誠意，正心，是性善理論的培養教育，其目的在明其明德，是爲道德觀念的建立，由修身，齊家，治國以至平天下，其目的在親民，則又是整體觀念的培成，又如《周禮．大司徒》中，用以教民的六德、六行、六藝等，都是儒家聖賢依據傳統教育目標所制訂的基本課程，用以教育子弟，使他們都能養成具有自尊自律的精神、忠孝篤實的性格、明辨是非的能力、能識大體的氣度等標準典型的中國人。

2.崇尚謙和恭順

在待人方面禮要求盡量做到謙恭退讓，在處事方面則努力要求平和柔順，這是社會人群生活中最重要的目標，謙和可以說是禮的最高境界，《禮記．曲禮》：「禮者自卑而尊人」，是說自我要謙讓，而盡量多尊重別人，能謙遜退讓、尊重別人，結果當會減少很多摩擦與爭執，就人情事理的是非問題來看這應該是一種最好的處理態度，不過退讓也應該是有限度的，一味地後退，變成毫無主見，那也是不行的，所以《禮記．樂記》：「禮主於減，以進爲文」，雖然禮要求以盡量減少爲主，但必要時還是要能勉強進取的，而且是以能在限度以內的勉力進取爲最理想。這樣說來，在進退的分寸之間，適當而合理的謙讓，的確是待人處事最好的態度，但也是一種難能可貴的修養。

至於「和」的境界恐怕要更高，《語論》裡就有「禮之用，和爲貴」的話，直接指出禮的作用以「和」爲最高的境地，《禮記・中庸》也說：「致中和，天地位焉，萬物育焉」。如能以中爲出發點，最後能到達和的境界將可使天地自然獲得最正常的運行；將可使萬物得以在最寧靜平安的狀態中滋生蕃育，化生長養，也就是所謂參贊化育，與天地同功的意思，這種理想多美，這種境界多高，而這種至高至美的理想，在現實生活中卻又是隨時隨地人人都可以做得到的，當事理有了是非爭執時，只要能心平氣和地來處理，一定可以情和事理，獲得和順的效果，這跟「我欲仁，斯仁至矣」的道理是一樣的。

所以謙與和，雖然是一種修養，而反映在社會上，卻也是最完美的解決問題的方法，把這種方法提煉出來，那就是所謂協同調和的處事方針，西方社會講究人權思想、法制主義，遇事都是訴之於法律，一切交由細密而死板的法律條文來解決問題，共產社會則是極權思想、暴力主義，遇有問題，一概採用鬥爭的手段來處理；然而法律方式未必能合乎人情，鬥爭手段更難合乎眞理；祇有我們中國社會所特有的謙和修養與協調方式才是最溫和、最合情合理解決是非問題的理想方法，也正是禮義發展外延的產物。

3. 啟發民本思想

西方的政治體制主張民主思想，現在我們好像爲了迎合時代潮流，於是有人就從古書裡找出一些話來，想要證明我們古代其實就有民主思想，但如果仔細想想這些話都只是基於群體共同生活中，標指「群」爲主體的看法，絕不是指個體的「民」可以爲「主」的觀念，中國過去一向都是君主的體制，但中國的君主觀念，與西方的君主觀念是完全不同的，不可因字面相同而混爲一談。前面說過，中國五倫之中的君臣關係，是由父子上下相對的關係衍生而來的，換句話說，這樣的君主觀念必然承受著濃厚家族觀念的籠罩，不會如西方古代由英雄主義發展而來那樣具有絕對權威的君主，應該是像一個大家族中的家長一樣，他也有權威，但權威不是絕對的，而是相對的。正如《孟子》所說的「君之視臣如手足，則臣視君如腹心；君之視臣如犬馬，則臣視君如國人；君之視臣如土芥，則臣視君如寇讎」。君能以愛心來照顧民眾，如《孟子》所說的「爲民父母」然後才有如《詩・大雅》的「庶民子來」，所以君雖是一國之主，但他必須把民眾看爲國家的根本才行，所以說「民爲邦本，本固邦寧」，這才是眞正代表中國政治意識的民本思想。

推溯其由來，君主意識是由家族觀念衍生而來，也就是說經由理性的發揮與啟示，接受整體觀念的影響，選擇了不以個人權威爲中心，而以全民的生活幸福爲歸依的決定，所以《孟子》又說：「禹視天下有溺者，猶己溺之也；稷視天下有飢者，猶己飢之也」，這就說明了中國所謂的君主意識，並非代表個人絕對的權威，而是以民爲重，以民爲邦國之本的基本概念，必須付出照顧愛護的責任思想。由此可見，這種民本思想原是承受家族觀念與整體觀念而來的。

以上僅就禮的內涵本質中，選擇了等差與是非兩種觀念作其發展及其影響方面的說明，此外應該還有其他的內容可以討論，如限制觀念、平衡觀念等，限制觀念是以克己復禮爲主，比較簡單，已另有專文發表。而平衡觀念則是無偏無私，中正平和的「中庸」思想這倒是一個很大、很重要，也是大家比較熟悉的課題，限於篇幅，留待將來再談，此處就從略了。

（原載國文天地152期）

如何讓舊有的禮教發揮現代的社會功能

現代社會的確和以前大不相同了，生活的享受，物質條件之豐盛，可以說是想要甚麼就可以有甚麼。但是現實社會中的狀況，卻是想不到的糟，每天打開報紙的社會新聞版，眞是觸目驚心。搶劫，偷盜，欺詐，勒索，綁架，殺人，放火，天災人禍，無所不有，尤其是青少年的犯罪率之高，實在驚人。大家都說我們的社會生病了，但始終沒有誰能提出些有效的治病良方來，回顧數千年的歷史，似乎很少或根本就沒有這種亂象。不禁會令人想起《禮記．經解》裡的一句話：「以舊禮爲無所用而去之者，必有亂患。」也許今天這樣的亂象，正是由於以舊禮爲無所用而去之的不幸後果。因爲那些舊禮教所培養形成的忠恕誠信，溫柔敦厚，勤儉耐勞，誠懇實在，孝悌慈藹，嚴以律己，寬以待人的善良淳樸的特色，如今已是盪滌無存。或許有人說過去是農業社會，現在是工商業社會，社會轉型了，風氣自然會改變。然而我想試問當社會轉型爲以工商業爲主之後，難道人們就該必須學會奸詐欺妄，無所不用其極，才算是跟上時代，合乎潮流？答案恐怕不是這樣的罷。即使時代不同了，但是做人的基本原則不應會變得太離譜。何況我們是具有根深柢固的傳統觀念的民族，不應該也不可能一下子就變得如此徹底。既然大家感到有些憂心，都在思考該如何診治的良方，這裡不妨提出試從舊有的禮治觀念中，擬具幾項可行的方案，供大家參考：

一、改正個人生活品質

個人生活品質的改正，其實就是在挽救人心，或者說就是所謂的心靈改革，心靈改革絕非一句空話而已，而是有可行之方的：

1. 杜絕無謂的應酬

那些不必要的應酬，只是在消耗我們的生命，破壞我們的健康，而毫無益處，當時也許覺得很熱鬧，曲終人散之後，反而會更覺寂寞無聊。長此以往，就會痲木不仁，進而會去尋找刺激，戕害身心，莫此爲甚。因此首先從杜絕無謂的應酬做起，其實這也並不難做，幾次拒絕之後，別人也就不會想再找你了，自己也更心安理得地不想參加了。

2. 盡量幫助別人

施比受更樂，助人爲快樂之本，這句話一點都没錯，你有能力能幫助別人，就已經足以證明你比別人幸福多了。當你看到別人因你的幫助而快樂時，相信你的快樂必定超過他們。社會人群共同生活，非常需要互相幫助以促進繁榮和樂，你又何必吝嗇而不爲呢？

3. 經常心存善念

人的行爲都是由意念來啟動的，心存善念，則行爲隨之而皆善，稍有惡念，即須立刻予以排除淨盡，不能姑息，絕不能放任惡念生根蔓延，一旦滋長，再除則難，人很容易自我寬恕，會想出許多理由來解釋自己的行爲。所以必須在起心動念之時，就要徹底排除惡念，認眞把持善念，這就是修養的工夫，完全要靠自己，別人無從知悉你心裡想的是甚麼念頭？常持善念，你會感到天地開闊，到處溫暖，人人可愛，心中充滿歡樂。佛家如此講求，儒家也要我們「思無邪」，任何事盡量往好處想，道理是一樣的。能如此則一些小小不愉快，根本不會放在心上，比較大的橫逆之來，也可以看作是一時的磨鍊，不致於鬱抑在胸，久久不去了。天天快樂過日子。

4.懂得知分守分

人我之間，當有一定之分際，逾越分際，就會造成磨擦和衝突，所以自由應以不妨礙他人自由爲界限。知分是先要知道自己的能力範圍及與人相處的界限分寸所在，譬如我只是一個學生，我只應該用功讀書，我身上只有一點零用錢，我不能做某些分外的事，或過分地花費。公務員應該盡忠職守，不可爲圖非分利益而假公濟私。身爲高級官員，更不可濫用職權，圖利己利人。而男女之間更應嚴守分際，以確保社會家庭之安寧與和諧。

5.不斷自我反省

時時反省自己的言行，如有缺失，就要立即改正，並牢牢記住，永不再犯。反躬自省，是儒家重要的修養工夫，是成聖成賢的基礎，能不斷自我反省，改正過失，至少不會去做壞事，內心平靜安寧，在外面受人尊敬。社會上壞人減少，好人增多，自是太平景象。

二、恢復傳統家庭教育

要挽救人心，必須從根救起，一定要著眼於孩子們的家庭生活觀念的養成，從小就要注意培養孝親敬長的習慣，對於日常生活中穿衣吃飯，說話走路等細節規矩都要耳提面命教導他們學習端正穩重，而且一定要學做家事，當作自己應該的工作，不許藉故推諉，養成勤勞服務負責的好習慣，言語要溫和細緻，行動要緩慢節制，不可粗魯蠻橫，在心性方面尤其要求善良寬厚，不可有邪惡妄念。在學校讀書必須知道那是自己的責任，不可養成競爭的心態，偶而鼓勵則可，獎勵則不必。特別規定金錢不准任意取用，要由父母作適度的控制。養成該用的不吝嗇，不該用的不浪費的好觀念。交友必須謹慎，必要時應請父母提供參考意見。家庭一定要經常與老師保持聯絡，瞭解孩子在校的情況，管教是必須靠家庭與學校雙方配合始見功效的。

三、維持傳統家庭祭祖典禮

逢年過節，上元、端午、中秋、除夕、或遇親人的忌日，傳統家庭祭祖典禮一定要由父母率領全家認眞舉辦，不可懈怠。因爲家祭祭祖，是家族歷史的科目，在這裡經由父母根據族譜講述父祖歷代及自我本身的種種事跡，可以讓孩子們知道成功絕不是偶然的，而失敗卻是非常容易的事，家族歷史中有他們值得驕傲的輝煌成就，有他們值得借鏡的慘痛經驗，我們做人處事的原則和態度也順便傳給了他們。祭祖的意義是要他們知道歷史的延續性，希望他們從此不忘根本，而且能繼往開來，發展更光輝的未來。相信孩子們瞭解這些之後，一定感受良深，對他們未來的人生一定會產生正面的影響。至少懂得珍惜既有的一切，會感念父祖所給予的一切，懂得所擁有的都是前人的血汗，不能任意揮霍糟塌，行爲更要小心謹愼，不能讓前人因我而蒙羞。這些都是家庭祭祖典禮所得，如何可以輕忽視之？

四、發揚社會善良風俗

過去有很多善良風俗，保存在現實生活中，還是具有指導人生作用的，如尊重老人家，老人家的生活經驗是非常珍貴的，俗云：「家有一老，如有一寶。」就是這意思。在家能孝親，出門能尊老，永遠不會吃虧，社會也顯得溫暖富人情味。又俗云：「家和萬事興。」還有「和氣生財。」和是我們中國人最高的理想，家庭和睦是最大的基礎，眞的是萬事可如意興旺。和睦的基礎則在於忍讓和體諒，萬事都不要針鋒相對，避免尖銳化，與誰都能處得好。社會上人人忍讓，自然大家一片祥和。以前本省有地區性的「拜拜」，這原是一項善良禮俗的保留，古代有鄉飲酒禮，農忙之後，鄉里間大家搬出吃的喝的來，一起聚會聚會，這原是古代的一種社交活動，聚會活動中還講求敦親睦鄰，尊老敬賢，禮讓謙和，蔚成風氣，效果應是肯定的。後來可能是太注意吃喝，忘記了原來設禮的用意，於是由禮而變成了俗，更由於少數人的鋪張浪費及酗酒鬧事，大家漸漸漠視而淡忘了。如果我們能重新設計，保存精華而避免那些缺失，甚至於可與里民大會相結合，以推展社會教育爲目的，讓群眾都樂意主動參與。少喝點酒，拉拉手，平時不來往的，如今都成了好朋友，不是很好的事嗎？

還有很多優良的傳統舊禮保存在本省的民間，可惜的是現在的人沒幾個能知道其來源，更少人能說得出其儀節背後的設禮用意。以致很多好東西都被時代湮没了。如民間保有的婚禮、喪禮，如果去深入研究，一定有許多新的體驗與發現的。以前我曾指導徐福全寫過臺灣傳統喪禮研究的博士論文，他揹著照相機和錄音機，跑遍全臺灣三十六個定點，去作田野調查，收穫豐碩。可惜傳統婚禮，卻始終没人去收集資料，再過些年，老一輩的凋零殆盡，或舊禮逐漸消失，想去找也無從找起了。

（原載國文天地156期）

制禮的原則

古代的禮相當於現代的社會秩序或制度，如今研究古禮，並非有意復古，而是希望瞭解那些禮制當初設計的原意，以及施行之後的效用。一方面希望藉此瞭解久遠以前的社會狀況，和那時候的人心道德觀念，一方面也可以由此歸納出一些準則，以備日後需要改進社會風氣時，作爲重要的指導方針。

非天子，不議禮，不制度，不考文。（《禮記・中庸》）

是說不到天子那樣的地位，對事理的考慮容易因所見有限、因本位觀念影響，而思慮不周，所以才說不可隨意議禮、制度、考文。但現在教育普及，民智大開，人人都有關心社會政治的權利與責任，因此也都可以適當地對社會秩序、政治制度，表示個人的意見，尤其民主體制下，有民意代表可以幫助傳達，還有大眾傳播工具，更可以營造輿論，民意愈顯重要。所以每個人都可以議禮、制度、考文。但如果沒有基本概念，所議之禮、所制之度也就不能顧慮周全，而所謂的基本概念究竟包括些甚麼？

禮、時爲大，順次之，體次之，宜次之，稱次之。（《禮記．禮器》）

這裡提出了五項制禮的大體原則：時、順、體、宜、稱。

時是順應時代。

五帝殊時，不相沿樂；三王異世，不相襲禮。（《禮記．樂記》）

時代是變動不定的，尤其觀念更是不斷在進步著，禮必須配合時代隨時修訂才行。如果禮制一成不變，就會僵化而不切時用，如：

子曰：「殷因於夏禮，所損益可知也。周因於殷禮，所損益

可知也。其或繼周者，雖百世可知也。」（《論語・為政》）

從夏到殷，由殷至周，乃至周代以後，禮的流傳應該是一脈相承的，然而也各有所損益，說明禮是必須隨時變革，以適應時代的需要的。不過變革也必須配合當時的各種條件而變，並不是可以隨意亂變的。叔孫通為漢初制訂禮儀，就曾說：「禮者，因時勢人情為之節文者也。」當時魯有兩生說他「所為不合古」，不願與他合作，叔孫通就譏笑他們說：「若眞鄙儒也，不知時變。」《史記・叔孫通傳》後來如皮日休等還在譏議不已（皮日休：〈題叔孫通傳〉）但他這適應時代的觀念則是絕對正確的。空間環境改變，也會造成禮的變易，如朱熹《文公家禮》原先通行於閩南，閩南人遷移到臺灣之後，大抵還是遵用，不過總有些地方會因環境不同，而有所損益的。

其次是順，順是順乎天理人情。

子曰：「禮也者，理也。君子無理不動。」（《禮記・仲尼

燕居》）

《荀子・樂論》：「禮也者，理之不可易者也。」所謂理是本於自然人情，散則萬殊，合則一貫。章潢在〈禮總序〉中亦寫到：

禮者，理也；在天曰天理，在地曰地理，在人曰脈理，在人倫曰人理，在木曰條理，支分節解，脈絡貫通，至纖至悉，秩然不淆。聖人制為五禮，豈能於自然之理加減毫末哉。

天地自然之理，表現於人的日常生活行為上，就成為禮。所謂天地自然之理，實則就是人同此心，心同此理的道理。因此，禮也就是群眾必須共同遵守的生活原則，這原則維持著人們社會秩序的平靜，維繫了道德人心的平衡與正常，所以中國歷史社會一向都重視禮教，以禮為治國治家的最高準則。

又：

禮者因人之情而為之節文。（《禮記・坊記》）

三年之喪者，稱情而立文。（〈三年問〉）

又云：

此孝子之志也，人情之實也，禮義之經也，非從天降也，非從地出也，人情而已矣。

在在說明禮是原乎人情而爲之制。

理自天設，情由人生。（《遼史·禮志序》）

順乎天理人情，才能爲人所接受，才能引導人情歸向正道。程頤《性理會通》：「禮之本，出於民之情。」鄭樵即據此發揮而有〈禮以情爲本〉一文云：

禮本於人情，情生而禮隨之。古者民淳事簡，禮制雖未有，然斯民不能無室家之情，則冠婚之禮已萌乎其中；不能無追慕之情，則喪祭之禮已萌乎其中；不能無交際之情，則鄉射之禮已萌乎其中。自是以還，日趨於文，燔黍捭豚，足以盡相愛之禮矣；必以爲未足，積而至於籩豆鼎俎，徐行後長，足以盡相敬之禮矣；必以爲未足，積而至於賓主百拜。其文非不盛也，然即其眞情而觀之，則籩豆鼎俎未必如燔黍捭豚之厚，賓主百拜未必如徐行後長相親之密也，大抵禮有本有文，情者其本也。

本於人情以制禮，才能深入人心，能得到大眾的認同與遵從。

第三是體，體是體察、體會、體認、體悟的意思。孫希旦《禮記集解》卷二十三云：「形之辨謂之體。」孫氏所謂之形，意指現象。思考根本解決問題之方，並體悟哪些方法是最適當的，是最有效的，也就是要徹底瞭解所制訂的禮的含意與預期的效用。否則禮制豈不是成爲毫無意義的虛文了嗎?因此必須經常關心社會現象，考察某些問題的發生與演變，體認問題的癥結所在，尤其對於歷史上類似的事件應特別留意，過去是如何處理及防範的，因爲歷史是珍貴的借鏡。還有事理的體認，更需要高度智慧的發揮，由現象界提升到思想界，再轉化至理想界，確實需要用心地體察與深層地開悟的歷程，這就是孫氏所說的辨了。

第四是宜。

禮從宜。使從俗。（《禮記・曲禮上》）

孫希旦《集解》引朱子曰：

宜謂事之所宜，若男女授受不親，而祭與喪則相授受之類。

事之所宜，宜即適宜、適當之謂。一件事往往有很多處理方式，一定要選擇最適當的方式，這也需要用心體悟才行，孫氏云：「愚謂禮之為體，固有一定，然事變不一，禮俗不同，故或權乎一時之宜，或隨乎他國之俗，又有貴乎變而通之者也。」則又以為權宜之宜，如果權宜之變確是最適當的，當然應該也是可以用的。因此程頤《性理會通》云：

行禮不可全泥古，須視當時之風氣不同，故所處不得不與古異，若全用古物，亦不相稱。雖聖人作，須有損益。

《朱子語類》亦云：

使聖賢有作，必不一切從古之禮，疑只是以古禮減殺，從今世俗之禮，令稍有防範，節文不至太簡而已。若必欲如古人衣服冠履之先纖悉舉備，其勢也行不得。

另外，《宋書・禮志序》也云：

夫有國有家者，禮儀之用尚矣。然而歷代損益每有不同，非務相改，隨時之宜故也。

都認爲不必一切從古，從今之宜爲是。因此從宜是一項重要的條件。

第五是稱，稱是相稱。古代有天子、諸侯、卿大夫、士、庶人等的階層代表各種不同的身份地位。身份地位不同，相對的禮數自也不同，如果禮數不稱，或是僭越，或則有損其身份地位。現在雖然没有那種階層，但也有政治組織的領袖，各級幹部及民眾等身份的差別，各類身份不同，其所適用的禮也自有差別。譬如要規劃縣市長及省長的就職典禮，不可能不顧及其地位的差別而完全相同。禮有以多爲貴者，有以少爲貴者，有以大爲貴者，有以小爲貴者，有以高爲貴者，有以下爲貴者，有以文爲貴者，有以素爲貴者（詳見《禮記・禮器》）。其多少、大小、高下、文素各依其身份地位而不同，不能隨便增減，必求其相稱而已。

孔子曰：「禮不可不省（察）也，禮不同，不豐，不殺（減），此之謂也，蓋言稱也。」（《禮記・禮器》）

又云：

是故先王之制禮也，不可多也，不可寡也，唯其稱也。

季氏旅於泰山，管仲樹塞門，有反坫，孔子加以譏刺，因爲他們以大夫而行諸侯之禮。至如以大夫而用天子之禮，如季氏八佾舞於庭，三家以雍徹，孔子憤激地說：「是可忍也，孰不可忍也。」（《論語・八佾》）就是因爲僭禮過份了。

以上所說的時、順、體、宜、稱五項制禮原則，至少可略見古人在制訂禮儀時所用的苦心，其思考之深，顧慮之周，所以才能有這樣完美而可行之久遠的效果。高師仲華在《禮學新探・原禮》一文中說：「其實這五個原則，祇說得一個『中』字。」另外，《尚書．仲虺之誥》亦云：

王懋昭大德，建中於民，以義制事，以禮制心，垂裕後昆。

以義制事，則事得其中；以禮制心，則心得其中。

《禮記．仲尼燕居》也引孔子曰：

禮乎禮，夫禮所以制中也。

中者，不偏不倚，無過不及之謂，也就是恰到好處的意思，制禮如能恰到好處，始能要求人人一體遵行。

先王之制禮也，過之者俯而就之，不至者跂而及之。（《禮記．檀弓》）

制禮適中，賢愚不肖，都能做得到，這才是最高的原則。如今是民主法制的時代，一切制度秩序的建立全靠立法，現在的立法相當於以前的制禮，如果立法院裡的諸公都能熟知這些原則，則今日社會安康可期了。

（原載國文天地141期）

禮法之別

古代是禮治的社會，現在是法治社會。這兩者之間究竟有何不同？確是個很複雜而又饒有趣味的問題。因爲時代已經改變了，誰也不能以自己的好惡再來作任何的選擇或改易，所以這裡也只是希望經由比較之後的瞭解，在現在改變的環境中多一些思考及反省的空間，因爲畢竟禮治觀念曾帶著祖先們走過漫長的歷史。而且在我們的生活中也留下很多很深的根，仍隨時隨地發揮其指導生活的作用，也許某些觀念正好具有輔助推行法治的功能，當然就有參考的價値，不可以因爲是舊的東西，就毫不在意地全部丟棄，那可眞是太可惜了。《荀子・勸學》：

禮者，法之大分，類之綱紀也。

又曰：

故非禮是無法也。

依荀子之說，禮與法有其相近之處。荀子以前，雖有法家人物，如愼到、田駢、申不害等，然而都還不成氣候，《荀子．解蔽》篇對他們都有所批評：

愼子蔽於法而不知賢，申子蔽於勢而不知知。

以爲彼等不知法、勢皆當活用，徒知任法，不知尚賢使能，知人善任，又不知智之爲用，不能有所變通，結果其法自蔽。荀子明白「道之以德，齊之以禮，有恥且格」的道理所以主張採雙軌制：一、施行教化，使知禮行禮而禁非禮培養自我之驅策與約束力。二、任用賞罰，制法令，以強制方法推行禮治。故其〈解蔽〉篇：

心知道，然後可道，可道，然後以禁非道。

又〈王制〉篇：

勉之以慶賞，懲之以刑罰，安職則富，不安職則棄。

一則以慶賞勉之，再則以刑罰懲之，雙管齊下，是以梁啟超《中國學術變遷大勢》以荀子爲儒家而兼治名、法家者也。禮與法同樣都是爲了維持社會秩序，國家體制而建立，但基本的理念和採用的方法卻是大相逕庭，以下就試作比較異同的說明：

一、禮立足於道德觀念，以儒家仁義思想爲中心，以家庭中的人際關係爲實行的起點，目標是至高和諧的理想境界。法立足於管理或統御觀念，以個人的行爲爲實行的起點，目標是社會的相容相安。

二、禮有約束性而無制裁性，要求人自我反省，自我明白是非、自我約束；法具有制裁力，依據人的行爲過失，給予適當的處分或制裁，以處分及制裁手段威嚇人不得有過失之行爲制裁道德。相傳早期中國是道德至上，領導者以德治民，人們性情善良淳樸，道德的規範足以管理社會，道德觀念薄弱之後，才興起禮治，禮的功能就是在維護道德，當時道德觀念還是深植人心，所以禮的約束還是有效的，至少可以維持相當程度的和諧狀況，其後民智漸開，心性複雜，禮漸漸失去約束作用，於是就需要具有制裁力的法來管理社會了，所以禮是道德加規律，以規律維護道德。而法是規律加制裁，以制裁維護規律。但是法已完全遠離道德觀念，如秦代的純任法制，法已成爲君主統御臣民的工具，毋須顧及道德層面。即以現代法的內容來看，主要目的也是在於如何管理群眾，需要政府或法院作爲執行機構，完全是一種以上對下的形態。

禮雖不是具體條列式的，然而卻是涵蓋極廣而且極爲周衍，是活的；法是鉅細悉載的條文，但總有漏洞可尋，是刻板的，甚至可以說是死的。如說非禮毋言，不須明說甚麼樣的話不能說；但法就得一條一條列出來，而且永遠也列不完全。

禮追求善與美，法追求眞，各有其是處，原皆無可厚非。但爲求善美而失眞，問題不會太大，如果爲求眞而傷害到善與美，問題就很嚴重了。

禮教是利用人向善求美的心理來作要求；法是利用人畏懼的心理來作治理。

禮是根據正常人情而制定的規範，所以是合乎人情需要的，也是溫暖的；法是根據錯誤的行爲而設計的處分規定，顯然是嚴厲的，且是冷酷的。

禮著重於事先的防範，《禮記・經解》：

夫禮。禁亂之所由生，猶坊止水之所自來也。

又云：

故禮之教化也微，其止邪也於未形，使人日徙善遠罪而不自知也。

法是著重於事後的制裁，雖云刑期無刑，但受刑人未必因此就能明白應該如何才是正常的行爲。

禮崇尚賢德，著重標榜，塑造典型以供後人模仿，法崇尚法律，塑成威嚴建立社會綱紀以供今人遵守。

禮是以禮爲教化工具，目的在自我成型定格，成己而後成人；法施行教化建立秩序制度，目的在使人人守法，以格禁人。

說禮

禮重視內在的修養及外在行爲的配合；法只重視外在行爲的結果。

從以上粗淺的比較分析來看，也許時代不同，社會的需求有異，很難說誰好、誰不好，但至少在現今社會中有目共睹的一些弊病，如青少年的歷史教育問題，成年人的罔顧信義、惟利是圖的投機心理，一般人缺乏忍耐、柔和、珍惜、體諒、感恩、守分的認識，這些問題確實是中國歷史上，禮治社會中所罕見的，因爲禮就是人們從小就被教導必須懂得的道理。他們被教導的是如何做一個合情合理的人，所以從小到大都不會發生像現代人那樣的問題。因此在今日法治社會體制下，面對全盤西化所產生的種種問題思考如何解決時，是否也可以想一想在禮教時代是怎麼做的，也許一些老辦法、舊經驗倒有實際參考的價值。這裡姑且提出兩項建議：

一、恢復以前的家庭教育。以前的舊式家庭，對孩子的管教非常嚴格，從小培養他們要懂得孝悌忠順、溫柔敦厚，和絕對服從長上的態度。「其爲人也孝弟，而好犯上者鮮矣，不好犯上而好作亂者，未之有也。」（《論語．學而》）這樣的孩子長大後進入社會，一定是位標準公民。人人都如此，則社會必然改觀。

二、由政府明令規定，逢年過節或父母的忌辰，一定要全家祭祖，而且要由長輩來講述家族光榮的歷史，或創業的艱辛歷程，讓家人都因此而感到一份家族成員應有的尊嚴和責任。

三、每家的孩子在八歲以前一定要熟讀背誦朱柏廬的〈治家格言〉，茲錄其格言如下：

黎明即起，灑掃庭除，要內外整潔，既昏便息，關鎖門戶必親自檢點；一粥一飯，當思來處不易，半絲半縷，恆念物力維艱；宜未雨而綢繆，毋臨渴而掘井；自奉必須儉約，宴客切勿流連；器具質而潔，瓦缶勝金玉；飲食約而精，園蔬逾珍饈；居身務期質樸，教子要有義方；莫貪意外之財，莫飲過量之酒；與肩挑貿易，毋占便宜；見貧苦親鄰，當加溫恤；刻薄成家，理難久享；倫常乖舛，立見消亡；聽婦言，乖骨肉，豈是丈夫；重資財，薄父母，不成人子；嫁女擇佳婿，毋索重聘；娶媳求淑女，毋計厚妝；見富貴而生諂容者最可恥，遇貧賤而作驕態者賤莫甚；毋恃勢力而凌逼孤寡，毋貪口腹而恣殺牲禽；乖僻自是，悔誤必多；頹惰自甘，家道難成，狎昵惡少，久必受其累；屈志老成，急則可相依；輕聽發言，安知非人之譖訴，當忍耐三思；因事相爭，安知非我之不是，宜平心暗想；施惠毋念，受恩莫忘；凡事當留餘地，得意不宜再往；人有喜慶，不可生妒忌心，人有禍患，不可生喜幸心；善欲人見，不是眞善，惡恐人知，便是大惡。

朱用純，字致一，號柏廬，明末江蘇崑山人，清康熙時薦應博學鴻詞科，堅決不赴，在家鄉設館授徒，死後門人私謚爲孝定先生。其〈治家格言〉又稱〈朱子家訓〉，清代曾定爲蒙學課本，流傳至廣。格言中句句眞知灼見，發人深省，中國子弟不可不讀。

（原載國文天地143期）

禮主於減

自由自在，放縱享受，有誰不喜歡？但我們的行爲眞的能隨心所欲，無所不爲嗎？想砸人家的車子就去砸，想搶銀行就去搶，畢竟是不可能的。因爲人不能完全脫離群體而獨立生活，人與人之間還是需要互相尊重，處理事情更需要彼此協調；生活平安順利，社會穩定繁榮，都還是要在一定程度的規格限制之下進行才行。所以歸根究柢來說，最好是有很多自由而又不要太多，有點限制而又不要太限制，這樣就比較能爲大眾所接受。

這種觀念也是人情之常，也可以說是自古已然。古代禮的制作，在外在形式上雖然給人的印象，似乎是比較偏重於行爲方面的限制約束，但基本的精神，還是考量到人情所需，以及人情之常，也是一樣要求根據有點限制而又不要太限制的觀念而來的。換句話說，當然最好是根本不要有任何約束限制，萬不得已才設計一些大家能實行的禮制，讓社會群體生活得有一些準則，以便共遵共行而已。所以《禮記・樂記》說：「禮主於減。」這是對制禮的精神原則所作最好最透徹的詮釋。

原則上既然是以減爲主，也就是盡量減少，減到不能再減爲止。所謂不能再減的意思，是說再往下減，可能就失去所謂準則的意義了。因此「不能再減」這句話，意味著這是最後的底線，也就是最低的下限。群體共同生活，應該有一些共同遵守最低下限的生活準則，人人都做得到，大家也會願意去做。於是約定俗成，起先也許是俗，時間久了就成爲禮了。譬如對人點個頭，打個招呼，或是鞠個躬，這是最起碼的禮貌。教室上課，老師走上講台，全班學生一起起立，向老師鞠一個躬，這也是起碼的禮貌。有人說這是尊師重道的表示，這種說法當然很好。

美國學校上下課，學生好像都沒有這一套，現在台灣不少大學生也學會了上下課不起立也不鞠躬，但不能說他們都不懂尊師重道。老師們也漸漸習慣了，不以爲忤。其實學生也沒有因此而不尊重老師；所以這個理由並不充分。下課時原本是學生自由活動的時間，聊天、吃東西、打架、打瞌睡的都有，上課鈴響老師進來，誰都沒在意，這時一聲起立，教室中原來混亂散漫的情形立刻安靜下來，學生精神也得以振作起來，很快就可以進入學習狀態。這樣一個簡單的節目，實際具有整理教室情緒的作用，效果很好，而且也沒有什麼困難，所以我們的中小學裡都是這麼做的。不過如果規定必須先在門外成集合隊形，魚貫而入，立正站在自己位置前，等老師進來後鞠躬坐下，似乎就顯得太嚴肅了些。不須如此嚴肅，可以要求簡化，於是減少到只有起立敬禮坐下幾個簡單動作就行了，這才是上課要起立鞠躬等節目的眞正用意。而且這已是最起碼的禮節，最低的限度以內的要求，再減可就什麼意義都沒有了。

既然這是最低限度以內的要求，已經簡化到不能再減的禮節，而且大家都能接受，就必須相當認眞地去做到，這樣才是負責任的態度。所以《禮記・樂記》接下去又說：「禮減而進，以進爲文。」意思是說已經減到最低限度以內的禮，必須要勉力求進，認眞去做到，能切實做到，才是最美好的結果。

人與人之間感情的建立，就是靠相互之間的往來。《禮記・曲禮上》

說禮

說：「禮尚往來；往而不來非禮也，來而不往亦非禮也。」我對別人行禮，別人不理我，我當然不高興；同樣的，別人對我行禮，我也不能置之不理；這就是所謂情感上的回報，人情所不免，也是一種責任態度。對別人尚且懂得必須往來，以促進人際關係的和諧，對朝夕相處的骨肉親人，則更應該懂得珍惜回報才對。我的一切都是來自父母，來自祖先；今天所有的生活享受，都是祖宗父母辛苦經營的累積；甚至於悠久豐富的歷史文化，也都是歷代祖先智慧的結晶；即使不能更予承先啟後，發揚光大，至少也該懂得珍惜、感謝以及如何回報才是。這就是〈樂記〉所說的「禮有報」，和「禮報情反始也」的意思。

其實「禮有報」這句話，還可以從另一角度來解釋。妻子的父母如果不幸死亡，妻子一定是痛苦萬分；夫妻共同生活在一起，妻子如此的悲傷痛苦，丈夫不可能開心快樂得起來。情緒氣氛固然受到影響，道義上也應該因產生同情而有所表示。所以在《儀禮．喪服》裏，就有女婿爲「妻之父母」應服「緦麻三月」之喪的規定。「緦麻三月」是等級最輕的一種喪服，同時〈喪服〉還有「從服也」三個字的說明。說實在的，女婿與岳父母之間並沒有直接的血緣關係，按理可以不必爲之服喪。就如岳父母住在高雄，女兒嫁到基隆，除了過年見一面之外，平時沒有什麼往來，彼此間沒有多少感情可言。要女婿爲平時沒有多少感情的岳父母服喪，實在沒有什麼道理可言。但看到妻子痛苦悲傷，自不能完全無動於衷，基於憐惜同情，多少應該有點哀傷的表示才是。這份表示完全是跟隨妻子的服喪而來，所以謂之從服。而且緦麻三月是最輕等級的喪服，連這一點都不能勉強做到的話，那可眞是太沒有人情了。因此勉強認眞去做到最起碼的禮，無論對自己、對別人，甚至對家庭社會，都是非常溫暖，非常有意義的事。

同時在〈喪服〉篇裏，還有一則關於岳父母爲女婿服喪的規定，而且也是最輕的緦麻三月之服。在「婿」字的下面還有一個「報」字，說明這是一層因「從服」而回報的關係。女婿一定比岳父母年輕，一般說來社會上女婿爲岳父母服喪的情形總是比較常見；如果例外的遇到女婿先過世，岳父母的輩份較高，又沒有直接的血緣關係，似乎可以不必爲他有任何表示。但是就因爲一般女婿都可以爲「從服」而服喪，顯見人情還是溫暖可貴，因此岳父母也願意爲女婿的亡故，勉強地表示一點回報的心意。這是對〈樂記〉「禮有報」這句話更有具體依據的一種解釋。因爲值得，所以才願意認眞去做；因爲大家都能認眞去做，社會家庭才顯得溫暖安詳，所以〈樂記〉又說：「禮得其報則樂。」

所謂認眞的態度裏，必然帶有些勉強的意味。即使是已具共識，都認同是非常有價值的目標，而目標懸之過高，也未必能讓每個人都切實做到。因此必須要把理想目標盡量壓低，低到不能再低的程度，才能要求大衆盡量勉強一點來配合。禮是理想，而效用在於實踐，所以在制禮的時候，必須考慮到精簡減少的原則。

然而現代的人面對許多傳統禮儀，可能由於基本認知的不足，往往感覺舊禮的形式過於繁複，令人不耐，無法體認「禮主於減」的精神，以致經常產生反感的情緒。尤其是喪禮，在司儀的指揮之下，一會兒這麼做，一會兒那麼做，又沒有人在旁邊隨時解釋說明，自會產生莫名其妙的厭煩與不耐。當有人弔祭時，司儀喊「孝子稽首」；賓客行禮完畢時，司儀又喊「孝子叩首答謝」；如果有人在旁邊解釋說：稽首是匍匐在地，頭一直停留在地上，不能抬起表示悲哀至極，無法面對賓客的意思；一直到賓客向喪家致意時，才可以抬起頭來行叩首禮，就是磕一個頭，表示答謝賓客之意。這樣孝子才懂得稽首和叩首的意義與其中的差別，行禮時也就不會有任何彆扭了。

至如既葬之後，舉行安靈的虞祭，也就是佛家所謂的做七；也許有人認爲涉及迷信而反對，如果能告訴他，死者的靈魂是否會因此安頓下來，原屬不可知的事，但這麼做之後，至少可以讓生者覺得心安，也就值得了。這麼解釋之後，相信也不至於過份堅持反對了。其實喪禮很多儀節，原本是爲了不讓生者沉陷在痛苦的深淵之中，設計種種節目，在節目的進行過程裏，逐漸體會往者已矣，已經是無可挽回的事實，而我們還是要活下去的，必須懂得要收斂悲傷的情緒，恢復正常的生活。基於這樣的要求，一些儀節的刻意安排，眞的是已經減到不能再減的程度了。禮儀的設計，當然希望人人都能實踐，至少不會故意惹人厭煩，所以「禮主於減」。

（原載國文天地125期）

禮為大防

張其昀先生是學地理的，在其教育部長任內，創設國立政治大學，卸任後創設中國文化學院。政大設在木柵，文化學院設於華岡；華岡多風，木柵多水，所以有人說曉風先生果眞擅長風水。這當然是說笑，不過木柵附近有溝子口、馬鳴潭等地名，加上木柵，顯見這些地方原就是低窪地區，所以每逢颱風，政大一定淹水。後來沿溪加蓋了堤防，這一帶才免於水患。

起先也有人持反對意見，認爲防堵不是解決問題的最好方法，而且又破壞景觀，遷移居民，耗費不貲，實在不合算。何況又不是每天都淹水，幾年難得這麼一兩次，也不見得有多嚴重，何必要爲未可知的事而大費周章。直到八七水災那次颱風，水來得太快，一下子就淹到一層樓以上，學生宿舍裡幾乎有人淹死，才知道問題果然嚴重，於是趕快決定加築堤防，以保該地區居民生命財產的安全。

自從築堤之後，這些年來，確實沒有再發生過嚴重的水災。而且堤外更陸續蓋了好多幢高樓大廈，花園別墅。人口密集，意見也多。因爲當初建築商都是以依山傍水，草木秀茂爲宣傳號召，但住進來之後，一、二樓住戶卻發現每天面壁，甚麼美景也看不到。再過多少年的太平日子之後，甚麼水災可怕的印象，早已從人們的記憶中完全淡忘，說不定就會有人認爲這是不必要的妨礙，必欲去之而後快；因爲他們不瞭解，堤防雖舊，而當初一定有其非建不可的道理。

堤防的功用是防止潮流的氾濫，是基於前人的生活體驗，透過智慧的思考，所作防患於未然的措施。知道將來會有山洪水患的發生，是曾經災難的痛苦體驗；因此而預作防範的措施，則是解決問題的智慧運用。人類歷史文明的進程中，最爲可貴的就是經驗的累積，和智慧的發揮。所謂不經一事，不長一智，說明了智慧是因事而發，而經驗則須要長久的歷鍊。比較起來，經驗的累積似乎更爲可貴。累積的經驗配合智慧的運用，往往也會有轉移發展的現象，人類文明才能因此而不斷進化。生存環境的堤防作用轉移到社會環境與人際關係上，就逐漸形成了禮爲大防的重要觀念。

殷商王室酗酒無度，因而誤事亡國，至周而有《尙書・酒誥》的文獻傳世，警戒周的臣民引爲殷鑒，在《儀禮・鄉飲酒禮》、〈公食大夫禮〉等篇中，雖然有「無算爵」的節目以求賓主盡歡，然而《禮記・鄉飲酒義》「脩爵無數，飲酒之節，……節文終遂焉」這一段文字的孔疏云：「明飲酒之禮，雖爵行無數，猶能節文，自終不至於亂也。」說明還是要防止酗酒無度，有失儀態，這就是援引過去的痛苦經驗，所作防患於未然的措施。

又如殷商時代實行族內婚姻制度，血緣相近，影響生育，所以《春秋左氏傳》裡一再強調「同姓不蕃」的觀念，《禮記・坊記》引孔子說「取妻不取同姓」，〈曲禮〉上篇也說：「故買妾不知其姓，則卜之。」到春秋時代魯昭公娶吳女爲夫人，魯、吳都是姬姓國家，雖然是分枝久遠，但畢竟是同姓，所以《春秋》魯史對這件事的記載，特別予以隱諱，不稱「姬」姓，只說是「取于吳」。當這位夫人死亡時，也有別於其他魯君夫人死亡的記載，不稱「夫人」，不稱其姓，只說是「孟子卒」。由此可知到了周代，有鑒於過去痛苦的經驗，當時必然是經過審慎思考，作了重大的改革，嚴格規定實行族外婚姻制度，這種制度相沿一直到清末，都還是一體遵行。

古禮嚴防男女之別，實際上也是經驗之論。相信以前一定曾經有過男女無別，非常隨便的時代，所以說上古之世，民知有母，而不知有父。這種情形必然會產生許多社會問題和家庭悲劇，有識之士自會想到必須要加以防範，所以在周代的文獻，尤其是《禮記》一書中，記載著許多重視男女之別的文字。譬如在〈昏義〉篇裡說：「男女有別，而后夫婦有義；夫婦有義，而后父子有親。」婚禮的精神，在於強調必須「敬慎重正」。男女之間的交往在一開始的時候就應該持有謹慎小心的心態，雙方互相信任，彼此尊重，嚴守分際，保守住最後的界限；而論及婚嫁的過程中，六禮不可或缺，都要以正大光明的方式，讓當事人深深體會這是人生大事，非同兒戲。

人與人之間，本來就應保有適當距離，最親近的莫如夫妻，也應該相互尊重，何況男女之間，在尚未成爲正式夫妻之前，更須懂得尊重的意義，此之謂有別。在婚前能嚴守界限，相互尊重，結爲夫妻之後，心理上就不會有那種不完美的陰影存在，往後的家庭生活夫妻關係自會趨於正常，此之謂有義。正常的家庭所孕育成長的孩子，一定會培養成完整的人格，健康的人生觀，正確的倫理觀，此之謂有親。反過來看，如果男女交往，一開始就隨便任性，胡亂苟且，彼此不懂得如何尊重，很難得有好的結果；即使終於成爲夫妻，也未必能擁有正常的夫妻相處之道、家庭倫理之親；這樣家庭所孕育的子女將來步入社會，也未必是國家社會之福。所以《禮記．經解》篇說：「故昏姻之禮廢，則夫婦之道苦，而淫辟之罪多矣。」所以周代的嚴男女之別，也是不希望見到夫婦之道苦，淫辟之罪多，而作的防患於未然的措施。

堤防的防，古代作坊，《禮記》裡的〈坊記〉篇就是談有關防患的事。堤防的建築是爲了防止水流過多氾濫成災，禮防的設置也是爲了防止放任過甚而不可收拾。其功能作用是一樣的，而且最重要的相同點是守住適當的限度，不使過份。所以「防」並不是絕對禁止，而是適當的節制。

說禮

酒是可以飲的，但需要懂得節制，不至於醉，更不可以酗酒無度。男女之間的交往是正常的，也需要懂得節制，不至於亂，更不可以荒淫無度。

度就是界限、分際，是最後的一道防線，一旦防線被突破，結果必然是氾濫而無歸，放蕩而不可收拾的悲慘局面。世間事物原就沒有甚麼絕對的好或絕對的壞，適當就是好，過量就是不好。酒原是好東西，還可以用以治病，宗教儀式裡都還要用到它，能說它不好嗎？但過量就謂之酗酒。男女交往原是好事，但過份則謂之淫亂。可見適當的量度是區別善惡是非的重要關鍵，而適當量度關鍵的標準所在，則必須靠禮的制定來把握其尺度分寸。

不過禮制的外在形式，是表現在儀式節目上，很容易看得到，而把握適當的尺度，使人行不踰矩的內含作用，一般人卻不太容易體認其價值。《禮記．經解》篇說得眞好：「故禮之敎化也微，其止邪也於未形，使人日徙善遠罪而不自知也。」又說：「夫禮，禁亂之所由生，猶坊（按：即堤防）止水之所自來也。故以舊坊爲無所用而壞之者，必有水敗；以舊禮爲無所用而去之者，必有亂患。」禮的敎化功能是非常隱微，不容易看得見，但人們卻因此能向善遠罪而不自知，可見禮教的內含價值，設禮的用意，自古以來就很少有人瞭解。時代久遠，形式表現也會隨時變革，現代人因完全不懂而持反對的態度，雖然是很可惜的事，但也是可以理解的。

前面說過防堵不是解決問題的最好方法，但如有遠見，能防患於未然，畢竟不失爲一種適當處理的措施。如果想要徹底解決問題，最好的方法當然是應該從源頭上著手，根本不讓世間有任何災患發生的可能。這就像孔子所說的：「聽訟，吾猶人也，必也使無訟乎。」是說在聽審案件，判斷是非方面，我和別人差不多，一定要說我有甚麼不同的話，我可以讓人人具備基本的公民道德，人人自省自律，是非善惡，瞭然於胸，不待辨而已明，於是世間從此再也沒有任何爭訟事件。從人性的根源上加以啟發，從道德修養上予以導引。這才是眞正解決問題最好的辦法。然而這種崇高的理想境地實在不是三言兩語，一蹴可幾的事。於是預見潮流所趨，設坊以禦災，制禮以防患，還是切實可行的一種方案。至少要比以刑法治民，制裁於事後的方式要好得多。即使說刑期無刑，然而還是著眼於發生行爲的消極嚇阻作用上，畢竟比積極的以禮爲防要差一層。

一九九五年九月十七日於揚州四季園

（原載國文天地126期）

毋不敬

《禮記》全書的第一句就引古代的〈曲禮〉說：「毋不敬。」好像有意在提示，禮最重要的精神就在這三個字。「毋」相當於「莫」的意思，而且有禁止的意味。所以「毋不敬」就是「莫不敬」，也就是在提示我們，禮要求對任何人、任何事、任何物，都應該保持「不可不敬」的心態。

中國人對於這「敬」字，一向都很重視，宋代理學家甚至把「敬」當作是一項修養的目標，作爲一種道德形上的語言，意義內涵相當的深邃。一般都把恭敬兩字連用，其實恭和敬是不一樣的。在貌爲恭，在心爲敬，一指外貌，一指內心。《說文》說敬是自我敕誡，對自己的言行舉止，甚至包括內心的意念活動，都必須謹愼小心，不可隨便超越本分的意思，如果一個人能時刻盡量保持謹慎小心，至少可以減少許多不必要的錯誤或過失。禮就是在一定的秩序範圍之內，要求平靜和諧，因此對於個人的修養，自是特別注重謹慎小心。如果每個人都能如此，則社會自然趨於平靜和諧，這就是禮之用和爲貴的深意。

因此「敬」的第一要義就是誠意正心。《禮記・大學》說：「所謂誠其意者，毋自欺也。」人往往會爲自己的行爲找藉口、找理由，好像有了這些藉口理由之後，面對別人的質問時，就很可以交代了。其實別人的質問並不重要，重要的是自己的感覺。因爲任何事騙得了別人，卻騙不了自己。如果自己覺得做錯了，還要設法掩飾過錯，雖然掩飾得了一時，然而那種錯誤的陰影，會永遠盤踞在心底，無法釋懷。

「故君子必慎其獨也」，「獨」不僅是指一人獨處的時刻，而更應指別人無從知曉，完全屬於自我的內心世界。在內心意念初動之時，就要謹慎小心，必須練習著分辨善惡是非，不要讓有一絲惡念存在滋生。雖然這並不是件容易的事，但也正是自律自修進程的起點；在開始時，能做多少就做多少，做到一點點也是好的；這就是「敬」的內在修養的起步。能謹愼小心，掌握住自我意念的動向，心有所專注與執著，於是外來的一些忿怒、恐懼、好樂、憂患等情緒上的紛擾，都不再會影響到心境。意念不受影響，不會產生猶豫或搖擺不定的狀況，就能保有平衡穩定的心態。心態平衡穩定，處理任何事情，自然都會正常而合理；此之謂「意誠而后心正，心正而后身修」。

「敬」的第二要義則在於守分知足。人容易犯錯，往往就是由於不守本分、不知滿足。本分就像是生意人的本錢，有多少本錢，自己必須心裡有數。本錢多才可以做大生意，本錢不足，妄想發大財，那是不可能的事。本身的才識能力、品德修養等條件，自己必須有個大約的估計，對未來的生涯理想，才可以作正確的規劃。能挑五十斤的，絕不可妄自去挑八十斤；甚至只挑四十斤，就會感到勝任愉快。不是自己分內應得的，絕不可隨便去取得，自己得到的不見得有用，很可能因此而造成別人的損失，一起貪念，也許會因此而終身悔恨。這就是所謂的守分。人不可能沒有欲望，但是追求欲望的過程必須合情合理，欲望的滿足則又是最後的極限，超過極限可能會給自己帶來傷害，就如兩碗飯就已經飽了，勉強吃下第三碗飯，至少會造成胃脹不消化。這就是知足常樂的道理，也就是些最淺顯的做人做事的原則，人人都懂，卻未必人人都能實踐。禮要求我們時刻謹敬，就是教我們盡量避免因隨便越分，任性過度所帶來的傷害。

第三要義則是謹言愼行。《禮記．冠義》篇：「禮義之始，在於正容體，齊顏色，順辭令。」在孩子成長的過程中，如何教導使之能懂得禮義，必須先從容貌體態，表情動作，言語辭令這三項爲起碼的要求，其中言辭和順的要求格外重要。所謂一句話可以讓人笑，一句話可以使人跳；同樣是一句話，看你怎麼說。尖酸刻薄、伶牙利齒，逞一時口舌之快，實在也沒有甚麼必要。惡言相向，出口傷人，更是沒有好處。如果能平靜柔和，穩重順當以出之，相信所說的每一句話都很受聽。以前的家庭教育對孩子的言語方面，不僅消極地要求謹愼，更積極地提出和順的標準來，這是非常正確的教育方式。

言語尙且如此要求，行爲舉止則必然更是嚴謹。因爲言語行爲都很容易傷人，萬一不愼，所造成的傷害，不見得只是單方面的。所謂「惡言不出於口，忿言不反於身」（《禮記．祭義》），「言悖而出者，亦悖而入」（《禮記・大學》），你打人一拳，人還你一腳，那一腳的力量一定是重得多了。

第四項是謙虛退讓。能知分守分，一定不會以傲慢待人；能知道滿足，一定不會與人爭奪。《禮記・曲禮上》說：「是以君子恭敬撙節退讓以明禮。」又說：「夫禮者，自卑而尊人。雖負販者必有尊也，而況富貴乎？」所謂自卑，並不等同於我們今天所說心理上的自卑，而是說要把自己的姿態放低，因此才可以懂得尊重別人；即使對方只是個苦力或賣菜做小販的，也應該有他值得尊重的地方，何況是那些富有的或有地位的，也必然有其所以致富之道，也一定有其因才德功業出眾而取得高位的事實。見賢思齊，三人行必有我師這些話，都是教我們虛懷若谷，然後才有多餘的空間，去接納別人，吸收長處。所謂尊重，應該是尊他人之所重的意思。

每個人都會有他自認爲很重要的事物，其所重視的價値觀也自有其充分的理由，任何人都無權干預或逕予否定；甚至當我們靜下心來願意進行瞭解時，他的價値觀，對我們而言，一定會有因瞭解而同情的作用，甚至多少還會有參考或啟發的意外收穫。問題即在於我們是否能夠隨時隨地尊重別人。多聽別人意見，足以開啟自己的智慧，其先決條件即在於謙虛，此即所謂的「謙受益，滿招損」。懂得謙虛的人，必然會遇事不爭，與人無爭，能退即退，可讓則讓，不搶鋒頭之先，不爭一時之利。退讓就是給自己留餘地，不爭則可保百年身，謙虛更可以增智慧，凡事謹敬，總不會錯的。

以上所說，在過去的人看來，全都是些老生常談；現代的人也許會認爲是不合時代潮流的迂腐之論。時代不同了，許多觀念也都在改變。過去有些陳舊而不切實際需要的東西，也的確早該揚棄了。不過還是有些經過歲月的沉澱，逐漸累積下來前人生活的寶貴經驗，仍然保有其智慧的光輝，永恆的價值，不能只因爲舊，就一概予以摒除。人畢竟是人，這還是人群的社會。人群社會中仍然有許多無法改變的事實，於是那些老生常談的自我修養的要求，與人相處的原則，人性共同的特質，生命終極的意義等，反而成爲所謂新新人類族群生活中，格外需要著眼的焦點，努力挖掘的珍寶。

目前台灣的社會，差不多已經被西方資本主義的思想所征服，包括生活方式，家庭形態，思考路線，價值判斷等，固有的東方人文主義色彩早已淡消於無形，潛移默化地都已認同於資本主義的精神。從《天演論》物競天擇的觀念下來，一直到最顯著的適者生存的社會競爭，幾乎全盤接受。競爭雖然可以刺激企業發展，經濟繁榮，外匯存底增加，國家個人富有，但是缺少了人文思想的調和與重心的把持，所產生的後遺症候群，無可遏阻地滋生蔓衍到社會的每個角落。像爲了錢可以砍父殺母，爲了利可以毀屍滅跡，風氣品質的低落，倫理道德的敗壞，是中國歷史上所僅有。

愛拚才會贏的衝激心態，沒甚麼不可以的狂飆行爲，更是文明國家所未見。追求快速成效的全無耐心，是非善惡不分的一片模糊，財大氣粗的囂張氣燄，永不滿足的貪婪狂妄，色情享受的氾濫，犯罪年齡的降低等等，這些問題的存在，每個人都有感覺，然而還是心存僥倖地認爲雖然不好，但尚可忍耐著，總覺似乎還沒有亂到我家門口，還沒有亂到自己身上，所以還可以暫時保持觀望。其實當我們看著孩子們在成長，爲他們的未來世界設想，那些陳舊的老生常談，才是從根救起的唯一法寶。教導孩子，事事心存謹敬，至少可以保障平安幸福，不受傷害。

（原載國文天地127期）

和為貴

「和」，在《說文》裡一共有三個字：「盉」是滋味的調和，「龢」是樂聲的調和，「和」是與人的應和。其實人呼我應，此唱彼和，也是人與人應對之間的調和，與調味、調音一樣含有調和的共同意義。在早期人們的意識觀念比較籠統的時代，調和的概念只會用一種語言來表達，所以音讀都是一樣的。後來有了分別，才造出調味的盉，調音的龢，與應和的和。又覺得應和的意義還是比較特殊，於是聲調變爲去聲，用以與調和的意義有所區別，這就是所謂的四聲別義。雖然現在我們都已經習慣於調和與應和有所不同的認識，但也必須瞭解其基本的意義是調和。這樣至少不會在應和時發生唱反調的錯誤行爲。

調和最足以代表中國文化的意識形態，明顯地不同於資本主義的競爭形態，與共產主義的鬥爭形態。無論是競爭或鬥爭，其過程與結果都是非常慘烈的。遇事處之以調和，可以使傷害減到最低，皆大歡喜，這不是最好的結果嗎？所以「和」字在中國人的心目中，永遠都是很好的表徵，諸如和善、和諧、和平、和風、和氣生財、家和萬事興，就連圍賭打麻將，勝了不說是贏了，而說是「和（ㄏㄨˊ）了」，絕對沒有不好的意義傾向。可以說「和」字是中國字裡很難得見的好字之一。

孫中山先生特別標舉大同社會，從此之後《禮記．禮運》中的「大同」二字，幾乎成爲家喻戶曉、無人不知。其實儒家的經典裡「同」字並不多見，即使有也不見有與「大同」的含義相同。倒是「和」字經常出現，而且往往被用爲最高理想的目標。如「致中和，天地位焉，萬物育焉。」（《禮記．中庸》）、「禮極順，樂極和。」（《禮記．樂記》）、「禮之用，和爲貴，先王之道斯爲美。」（《論語．學而》）、「蓋均無貧，和無寡，安無傾。」（《論語．季氏》）等，可見「和」這個字，很多地方已被使用爲一種最高的道德語言，一種形而上的理想目標。

「和」雖然是一種最高的理想目標，但也是可以靠人們共同努力，一步一步逐漸接近或達成的。其關鍵即在人們必須袪除私心，凝成共識，目標一致，腳步整齊，才能獲得具體的成果。孔子說：「道之以德，齊之以禮。」（《論語・爲政》）齊之以刑法，是没有多少用的，至多人們因畏懼而避免犯法，甚至還會因設法逃避，反而甚麼事都做得出來。只有「齊之以禮」，用禮來凝成共同的認識，這才是有效治理社會，端正民心的好方法。所以歷朝列代，雖然也有刑法的制訂，但卻絕對少不了以禮治民的觀念。

以禮治民，並非僅限於行政統御，或社會治安某些層面而已。套用一句目前流行的語辭來說，是「全方位」的關注。小至於個人品格修養，中至於社會秩序安全，大至於國家體制，無所不包。曾國藩說禮是「經緯萬彙」，我們可以說這才是眞正中華文化的精華。

從孩子開始懂事，就必須敎他懂得禮義。《禮記・冠義》篇說：「凡人之所以爲人者，禮義也。禮義之始，在於正容體，齊顏色，順辭令。」學習禮義的起點，就是要敎孩子懂得端正、整齊、和順。體態容貌，臉色表情，言語說話，這些都是表現在外的，很容易要求他們認眞做到。如果孩子站沒個站像，坐沒個坐像，穿著打扮透著邪氣，傲氣凌人，涼薄寡恩，加上尖刻銳利，言必傷人，這樣孩子恐怕誰都不會喜歡。很多前人家訓裡，往往可以看到「詩禮傳家」的訓誨，禮教的重點大多是在行為舉止的要求，詩教則比較偏重於言辭及心性的修養方面。

《禮記．經解》篇就說「恭儉莊敬」是禮教的成效，「溫柔敦厚」是詩教的效果。恭儉莊敬當然是指對人對事的行爲態度；溫柔敦厚則是指言辭心性的表達與存養。經由這樣的家庭教養出來的孩子，不僅懂得如何自我保護，不受傷害，而且一定舉止適中，態度從容，宅心仁厚，言語溫和，這樣的謙謙君子，必能合群，而且受人尊重，這就是中國人的理想典型。所以《詩》、《禮》這兩部經典，在過去的家庭教育中擔任了極爲重要的兩門課程。《論語．季氏》篇裡記載著孔子的兒子鯉，兩次跑過中庭時，孔子叫住他，一次問他有沒有學《詩》，又一次問他有沒有學《禮》，然後告訴他，「不學《詩》，無以言」，「不學《禮》，無以立」。孔子對他自己的孩子特別提出對這兩部經典的要求，就是因爲

《詩》能陶冶情性，豐富語言，《禮》能修身踐言，規範行爲，其終極之教育目標，同樣都是在於「和」、「順」而已。

成年之後，接著就是成家。古代的婚禮，新郎必須親自到女家去迎娶，新娘離開娘家時，新郎必須親自駕車，車到男家時，新郎必須親自在門口迎接，一直到進入洞房之中，新郎必須跟在新娘的身邊，寸步不離，這樣的安排，《禮記·昏義》篇的解釋是「以親之也」，是說新娘離開了所有一起生活多年的家人父母，準備踏入一個完全陌生的環境，更不知道將來如何適應，內心惶惶然之際，其所仰望而終身的良人，如能一直陪在身邊，表達其親和疼愛之意，讓新娘能定下心來渡過這最艱難的第一天，可說是太重要了。「以親之也」，雖然只有四個字，卻眞正傳達了婚禮設計者，體察人情，美化人生，重視親和以維繫人際關係的用心。

新娘於第二天一大早，就要去正式拜見公婆，中午親自下廚，用心燒一餐飯來孝敬親長，這些禮節的設計，其目的就是安排機會，讓新娘得以藉此表達「婦順」的態度。〈昏義〉篇說：「婦順者，順於舅姑，和於室人，而后當於夫。」孝順公婆，與家中成員相處和睦，實在是最重要，而

說禮

與丈夫的生活相配合則放在最後，也正是在強調家庭生活要以和順爲先。所以〈昏義〉篇又說：「是故婦順備而內和理，內和理而后家可長久也。」家裡情和事理，一家歡樂，自然興旺長久。中華民族能夠綿延幾千年之久，家庭婦女的認淸本位價值，致力於婦女和順性格的塑成，貢獻最大。

踏入社會，與人相處，更需要注意人事的調和，但並不是要我們處處隨和，去做一個鄉愿式的濫好人。孔子曾說過：「君子和而不同，小人同而不和。」（《論語．子路》）同是同於流俗，人云亦云；不同則是中心自有主張，所以子貢問「鄉人皆好之，何如？」，「鄉人皆惡之，何如？」孔子都說是不能作準，「不如鄉人之善者好之，其不善者惡之」，善惡釐淸，是非分明，這才是難得的君子。《禮記．中庸》也說：「故君子和而不流，強哉矯。」君子有主見，不同於流俗，不因外在環境的壓力有所動搖，而表現在外的，卻又始終是溫和理性的態度，所以才值得稱之爲強者。同時也正是說明了「和」之可貴。

古代社會中有鄉飲酒之禮，這也是經由設計、推廣、流行，而隱含社會教育功能的禮制之一。如今某些地區的「吃拜拜」，應該就是鄉飲酒禮的遺風。借飲酒的儀式節目，讓群眾親身體認尊老敬賢，敦親睦鄰等實際活動的意義，深切瞭解孝悌之行，尊讓之道，和樂而不流，安燕而不亂，是社會安定的基礎，從而潛移默化，逐漸吸收消化，風氣自然會變好。所以孔子說：「吾觀於鄉，而知王道之易易也。」（《禮記・鄉飲酒義》）王道的根本，就在於尊賢尚齒所導引出來的和順。〈鄉飲酒義〉又說：「君子尊讓則不爭，絜敬則不慢。不慢不爭，則遠於鬥辨矣。不鬥辨，則無暴亂之禍矣。」遠於鬥辨，避免暴亂，則社會一片祥和，這就是鄉飲酒禮設計者所期待的美麗遠景。《禮記・冠義》篇說「和於射、鄉」，鄉射禮、鄉飲酒禮，其當初設計的用意，目的都是在利用具體可行的禮制，在人人躬行實踐之下，自然烘托天下和平的景象。所以說「禮」是中國特有的文化，而「和」則是中國文化的結晶。

（原載國文天地128期）

歸其本

以前常聽老人家說：做人不可忘本。簡簡單單的一句話，聽起來雖然是似懂非懂，卻也不敢再問，反正這一定是教導我們好好做人的意思，只要點頭稱是就是了。現在是懂了，這句話的內涵不但相當深刻，而且是中國文化傳統精神中重要項目之一，很難以三兩句話說得清楚。所以爲甚麼老人家說得那麼簡單、不需要詳細解釋的原因，也是可以理解的。

從殷商的卜辭裡可以看到，那時期確實有祭祀上帝的行爲，而且把上帝看作是至上之神。因爲自然界許多風雨雷電，日月山河等神秘現象，不是當時的知識所能解釋的，因此只有歸諸於神的力量，必須加以崇拜祭奉，才能冀求免災避禍。到了周代，也許透過理性的思考，認爲天命原是無常，惟有德者才能得到上天的關注。《詩・文王》：「殷之未喪師，克配上帝。」又說：「周雖舊邦，其命維新。」殷失民心，於是上天新命周王，好像已將天帝的神秘性轉化爲道德性的主宰。爲了表示感謝，於是制定每年按時郊祭上帝，希望天神永遠眷顧，周室子孫本支百世，「聿脩厥德，永言配命，自求多福」，始可綿延無窮。所以《禮記・郊特牲》說：「郊之祭也，大報本反始也。」足見「報本」的觀念早就在人們心中植根發展。《詩・文王》又說「文王陟降，在帝左右」，則是又將天帝更予以人格化與親和化，在尊尊之外特別加強了親親的特性。這就是周代人文意識的覺醒，在文化史上無疑是邁進了一大步，所以孔子曾讚美周的禮制說：「郁郁乎文哉。」

其實土地也是早期人們生活的「本」，甲骨卜辭裡有以「土」爲祭祀對象，那就是後來社稷的社。社是祭土神的地方。《禮記・郊特牲》說：

社，所以神地之道也。地載萬物，天垂象；取財於地，取法於天；是以尊天而親地也，故教民美報焉。

又說：

家主中霤，國主社，示本也。

鄭玄、孫詒讓等都說「中霤」是一家的土神，和一國的社一樣。祭社、祭中霤，都是「報本反始」的意思。

〈郊特牲〉篇又說：

萬物本乎天，人本乎祖，此所以配上帝也。

祖先開創家業，辛苦備嘗；子孫承受福蔭，才能擁有這些享受，除了應該感念天地生長萬物以養我之外，也自然會想到更應該歸本於祖。這當然是伴隨著父系中心社會逐漸形成確定之後，才得產生的意識觀念。所以《孝經・聖治章》說：

孝莫大於嚴父，嚴父莫大於配天。

說明了歸本於父祖和歸本於天地，其基本的意義原是一樣的，都是出於尊敬感念的心理。

《禮記・祭義》篇記載祭神的時候，堆上木柴來燒，加上油脂香草，用煙光氣味作爲祭品來祭神，然後又說：

聖人以是爲未足也，築爲宮室，設爲宗祧，以別親疏遠邇，教民反古復始，不忘其所由生也。

這兩段話明顯地透示出由敬神到尊祖的演變過程。一切眾生萬物都應歸本於天地，人類當然也不例外；不過人類更應懂得還要能歸本於祖，把本源觀念更直接地接續到自我生命血脈的承繼關係上來。每一個生命都不是完全獨立的個體，而都是有本有源的，沒有本源，不可能有繁枝茂葉，涓流江河。生命的意義不再僅是純然地生存而已，而是具有著無窮延續的使命。生活的意義也不再僅是如草木一樣地自生自滅而已，而是具有著必須活得更好的責任。體認了生命的使命和生活的責任，才有可能具備動力，聚集生命的價值，不斷刻劃出人類歷史的里程；累積生活的經驗，持續創造人類文化的特質。人如果不知過去，不想未來，只有今天，沒有明天，懵懵懂懂地過一輩子，那就和草木禽獸沒有甚麼不同。爲了要讓今天比昨天好，下一代要比上一代過得好，所以我們心甘情願地辛苦耕耘，努力經營，擔當起時代的責任；尊重傳統，堆積經驗，把生命線延伸到久遠以前的祖先，當年祖先所有的付出，都是我們今天的榮耀，子孫接受這些榮耀，也應該擔當起傳承歷史的任務。人類之所以能凝聚家族，組織社會，建立國家，歸本返始的觀念，確實是一項不可或缺的重要因素。這原是全人類各民族進化史上所共有的認識，不過認識有早有晚，持有的方式也可能不完全相同。現在大家都已習慣稱之爲歷史教育，在中國早期是靠禮來實現其教育目的，尤其是宗廟的祭禮，《禮記・祭統》篇說：

凡治人之道，莫急於禮；禮有五經，莫重於祭。

在我國過去一向重視祭禮，祭神當然帶有神秘色彩，甚至帶有迷信的氣息；但周代以後的祭祖祭天，已經另外賦予了積極性歷史教育的功能，具備著非常重要的價值觀念，似乎不能逕以反對迷信，而一概均予抹殺。《詩經》裡保存了不少篇的〈頌〉詩，應該都是當時宗廟祭祀時所唱的讚美詩。透過這些詩篇的吟唱，讓每一個參與祭典的人，浸潤於家族創始時種種事跡，沐浴於祖先榮耀的光澤，不僅對家族成員一份子的自我，產生莊嚴的認同和歸屬感，並且體會了本身是從哪裡來的生命的傳承感，於是自能激發那種薪盡火傳、承先啟後的責任感。這種歸本於祖的觀念，並不等同於崇拜神明，冀望祈福免禍的狹隘自私心理，而是發揚生命價值，提升生活道德的教育行爲。這是先民智慧的開發，歷代奉行不渝，成爲中華文化傳統特質之一。

在本質上看來，歸本和歷史教育大體觀念近似；教育方式與目標還是多少有些不同。我們一向都是以家庭教育爲主，目標的重點是先放在家族的收聚和歸屬上。因爲家族的歷史範圍畢竟有限，比較容易吸收接受，凝聚的共識容易達成。所以歷朝列代都行之有素，也行之有效，家家都有祖宗的牌位，也都有定時的祭享之禮。這些形式的規劃，雖然已有不少隨著宗廟祠堂的没落而逐漸簡化，而簡單的儀式仍然普偏保存在一般社會家庭之中。至少這些簡單的儀式，還是可以勉強維繫著一些歸本的基本理念。譬如由尊祖觀念衍生出來的「孝」道，在保有祖宗牌位、歲時祭祖的家庭裡，應該是不成問題的。大家族祠堂或家廟中懸掛著祖先擬訂子孫班輩順序的名牌，大致上都還是一體遵用的，如孔家「德」字輩的遇到「令」字輩的，「令」字輩遇到「祥」字輩的，都會肅然起敬。同在「五等喪服」以內的親屬，遇事必定會互相認眞幫忙。這些社會現象，都是歸本同源觀念的落實。不過重點是先放在家族的凝聚，進而再行擴展到民族、國族的團結，那就容易得多了。

家庭教育秉持著歸本的觀念來教導下一代，目的在培養塑造典型的中國人。首先，《禮記·祭義》篇說：「君子反古復始，不忘其所由生也。」《詩·小雅·小宛》：「夙興夜寐，無忝爾所生。」歸本返始，主要的作用是在敦厚其本性，《禮記·祭義》篇就說：「致反始以厚其本也。」時時不忘自己是從哪裡來的人，本性一定厚實。其次是懂得感恩，〈祭義〉篇說：「是以致其敬，發其情，竭力從事，以報其親，不敢弗盡也。」常懷感恩之心，就是報本的具體表現，〈樂記〉篇說：「禮報情反始也。」再其次是懂得體諒，俗話說：「兒不嫌母醜，狗不嫌家貧。」再醜總是自己的母親，再窮還是自己的家，能如此認識本源，懂得體諒，何處不能去得？再其次則是懂得珍惜，「家有敝帚，享之千金」，雖然是不自知之患，也算是珍惜既有，不忘故舊的心理反應。這種由歸其本的觀念所培養塑成的厚實、感恩、體諒、珍惜等人性的特質，倒正是現代中國人所最缺乏的。可能就是因爲現代家庭教育破產，很少家中供有祖宗牌位，不重視家祭，於是孩子們不懂得甚麼是「歸其本」的原因吧。

（原載國文天地129期）

克己復禮

《論語・顏淵》篇：「子曰：克己復禮爲仁。」

仁是儒家修養的最高目標，修養能達到最完美的地步，就是聖人的境界，所謂聖人的境界，並不是高不可攀，而是人人都可以作得到的，不過一般人需要經過修養的過程而已。「克己復禮」就是一項基本的修養功夫，克己就是要克服自己，因爲人心是活動的，很容易隨著外在的事物而活動起來。接著就會隨著活動的意念，而採取行動，形成了行爲，如果意念是好的，行爲當然就沒問題，如果意念是不好的，接著而來的行爲當然也是不好的。

一旦發展成爲不好的行爲，要想加以改正，可就不容易了。所以《禮記・中庸》說：「君子愼獨。」獨是指只有自己一個人知道的時候，也就是當意念初動的時候，意念初動之時，只有自己知道，別人無從知曉，應該特別謹愼小心，即謂之愼獨。予以切實把握，好的意念要認眞守住，不好就應該徹底排除，以這種方式來約束自己，即謂之克己，每件事都這樣愼重思考當然不容易，而且好壞的標準也很難訂定，尤其在開始修養時更難，於是不妨把標準訂在復「禮」上，禮是社會上大家共同遵守的生活原則，約束自我行爲，確實遵守社會共同的生活原則，即謂之克己復禮，孔子曾說：「非禮勿視，非禮勿聽，非禮勿言，非禮勿動。」（《論語・顏淵》篇）視、聽、言、動，任何言語行動都要事先考慮合不合禮，如屬非禮，即不可爲，如此則所有言語行爲都不會出錯，所有言語行爲都不會出錯，修養的功夫已經很好了，孔子認爲這樣已經夠得上稱之爲仁了。所以說「克己復禮爲仁」。

禮是群眾必須共同遵守的生活原則，也就是所謂的公德，相對於公的就是私，私心太重，必然會傷害到公德，遵守公德，必須去除私心、私欲，社會上所謂的好壞，其實就可以以私心的輕重與否作爲衡量的標準，私心過重的，就一定不是好事，如果是爲公，怎麼作都是對的。人總有私心，只要不太過分，都沒有問題，能去除私心、私欲，賸下的應該就是純然至善的本性，也就是孔子所說的「仁」了。

「仁」是甚麼，《論語》中孔子從未正式解釋過，只說如何去行仁，但從他的言論中可以瞭解，仁是人生而具有的美德，而且是純然至善的美德，所謂純然至善，就如初生嬰兒一樣的純潔，沒有絲毫後天的污染，儒家基本理論就認爲人性本善，所有不善都是由於後天的影響所致，因此生而具有的善性就是《孟子・告子》篇所說的「惻隱之心、羞惡之心、恭敬之心、是非之心」也就是指仁義禮智四者，「非由外鑠我也，我固有之也，弗思耳矣，故曰求則得之，舍則失之。」我固有之，就是生而具有的本能，平常沒有去想，所以往往會忽略而未予注意。「仁」字從二人，也就是指兩人之間相對應有的態度，人與人相處，最重要的在於情感的維繫，沒有情感作維繫，就顯得冷酷而可怕，所以一般都把仁解作愛，人與人之間除了感情之外，還有是非、羞惡、恭敬等相對的態度存在，這些都是人善良的本性，也正是與人相處應有的公德，失去或違背公德，一定會傷害到對方。傷害到別人的行爲，當然要加以克制才對，作爲一個人最基本的修養就是要保有善良的心地，隨時關心照顧別人，尊重別人，同時要有是非和羞惡觀念。

能克服自我不是件容易的事，因爲人往往會寬恕自己，總會找出適當的理由來爲自己的行爲辯護，認爲自己的行爲是對的，或不得已的，既然是對的，何必要改，又何必一定要加以克制呢？即使是錯了，往往也是讓他錯下去算了，不容易克服自己而加以改正的。尤其是現在的年輕人，生長在幸福的家庭裡，從小就被驕寵慣了，更不懂甚麼叫克制。想要甚麼就有甚麼，而且還以爲這一切都是自己應該得的，得不到的話可以不擇手段去爭取，有一句廣告詞：「只要我喜歡，有什麼不可以」，就是這種心態的反映。孩子如此，青少年也一樣，年輕人幾乎很少有人懂得甚麼是感恩，甚麼是知福，惜福，對父母、師長應該順從、尊敬，對朋友要守信、友愛，對需要幫助的人能及時伸出援手，對是非善惡能做出適當的判斷和選擇。

成年人則更多積習難反，尤其是在私慾方面，無論酒色財氣各方面，所受到的誘惑更大，偏邪的心念活動更難以自我克制，尤其台灣富庶以後，一些暴發戶的心態作祟，加上倡行民主法治，誤解民主的結果，人人都自以爲是老大，誤解法治，認爲法治都是爲別人而設立的，自己則不願受此規範，普遍呈現不守法，缺乏耐心、愛心，不懂謙讓，是非模糊，道德淪喪，不知恭敬尊重有何用，更不知羞恥爲何物，巧取豪奪以爲智，胳臂粗，拳頭硬以爲勇，什麼道德理念，仁義禮智，凡不合於本身利益者，一概不承認，爲所欲爲，肆無忌憚，所以才會形成如此混亂的社會現象，混亂現象已經形成，要想撥亂反正，挽回頹勢，唯一有效的辦法，只有克己復禮一途，普遍推廣克己的修養觀念，在上者尤其應該要以身作則，影響群眾，大家都能遇事稍加思考和克制，回歸到群眾共同的生活原則上來考量，是非善惡，終有公論，凡事不要只爲私利著想，私心私慾能盡量減少，這個社會雖然有病，但還是有救的，多讀讀古人的經典，一定會有收穫，古人的經典，都是生活經驗的累積，高度智慧的結晶，往往極簡單的一句話，都會讓後人受用一輩子。所以這些經典被稱之爲「經」，「經」含有經久常新，經久不變的意思，也就是表示這些道理永遠都有指導後人的作用。

（原載國文天地135期）

禮之行始於孝

《左傳・文公二年》：

孝，禮之始也。

始是起點的意思，這是說孝是行禮的起點。「禮」可以說是經緯萬彙，包羅萬象，類別繁多一時間也不知該從何處做起，這裡說明應該先從孝親做起，人人都有父母，先從孝順父母做起，應該是最容易的事了。古代所謂的孝也並非僅止於孝順父母而已。

《禮記・祭義》：

居處不莊，非孝也；事君不忠，非孝也；蒞官不敬，非孝也；朋友不信，非孝也；戰陳無勇，非孝也。五者不遂，災及於親，敢不敬乎。

這祇不過是隨便舉出五件事而已，由這五件事都屬於孝來看，大概任何關於立身處世的言語行爲，凡是稍有不愼，便會讓親人蒙受到羞辱的，應都屬於不孝的範圍。所以〈祭義〉篇又說：

壹舉足而不敢忘父母，壹出言而不敢忘父母。

儒家的理論一向都是講求由內而外、由近而遠、由小而大，逐漸往外擴張的。所以行禮的次第也是主張先從身邊的親人開始做起。《禮記・中庸》：

仁者、人也，親親爲大，義者、宜也，尊賢爲大，親親之殺，尊賢之等，禮所生也。

親親、尊賢二者是周文化的特色，「殺」是指輕重之差，父母是親人中的最重者，如果人不能親其父母，則對其他人更不可能有眞情親愛的表現。

《論語．學而》：

有子曰：其爲人也孝弟，而好犯上者鮮矣。不好犯上，而好作亂者，未之有也。

又說：

君子務本，本立而道生，孝弟也者，其爲人之本與。

做人的根本即在孝弟，在家孝順父母，到社會上一定能守本分。又：

《論語．爲政》：

孟懿子問孝，子曰：無違。樊遲御，子告之曰：孟孫問孝於我，我對曰：無違。樊遲曰：何謂也？子曰：生事之以禮，死葬之以禮，祭之以禮。

孔子非常具體地指出無論生前死後，都應該對父母依禮盡孝。此外，於孟武伯問孝時又說：

「父母唯其疾之憂」（同前）

對於父母的健康狀況也應隨時關心；《論語．里仁》又曾說：

父在觀其志，父沒觀其行，三年無改於父之道，可謂孝矣。

父沒三年，無所改變，大概終身奉行，不會再有甚麼改變了。又子游問孝，子曰：「今之孝者是謂能養，至於犬馬皆能有養，不敬，何以別乎？」則更進一步指出日常生活中飲食的奉養是應該的事，但不能以此為滿足，家裡養狗養貓尚且還要給牠吃，何況是自己的親人，最大不同之處就在這個「敬」字。如果祇是三餐供應無闕，而無絲毫敬愛之意，那和養狗養貓又有何區別？說到愛字，一家之中，一般人大概最容易做到的都是對子女盡愛，因為子女幼小，我們往往認為小孩子不知冷熱不知飽餓，需要別人隨時關心照料，其實父母年老時，反應遲緩，跟小孩子一樣需要有人隨時關心照料，更何況這是生我養我的親人，當我們辛辛苦苦照顧孩子成長的時候，應該會體會到在自己成長的過程裡，父母曾經是如何辛苦地照料我們。所謂「養兒方知報母恩」，又人往往會在父母死後，追悔生前未能盡心孝敬，所謂「樹欲靜而風不止，子欲養而親不待」，然而親已不在，徒留長夜追悔而已。

聖人體察人情，因而強調孝親，要求生前的孝養，更設計死後的祭享之禮，以滿足人們思念追悔之情。人死之後，是否有靈？實不得而知，所以祭禮的設計，實際上是爲生者的需要而作的安排。祭禮裡面有奉獻祭品的節目，所有的祭品應該都是父母生前最喜愛吃的東西，當年的生活情形好像又重現於眼前，讓子女得有機會再度在父母身邊，好好地盡一分孝敬的心意，以稍稍彌補其內心的缺憾。至於葬禮，更是爲求生者的心安而設計的。所謂死葬之以禮，祭之以禮，其實都是孝的延長。

當我們對父母孝敬時，我們的孩子都會看在眼裡，記在心裡，他們長大後才會懂得孝敬我們。反之，我們不孝敬父母，孩子有樣學樣，也不孝敬我們時，怎能責怪他們呢？先從孝親開始做起，應該是很自然而且容易的事，懂得孝親。然後兄弟之間自會知道兄友弟恭的道理，知道爲人弟必須恭敬以事長，於是敬長尊賢的道理當然也會懂得，至於友愛幼弟，慈愛子女等則更不用說了。所以說禮之行始於孝。

《禮記．祭義》篇引孔子曰：

立愛自親始，教民睦也；立敬自長始，教民順也。教以慈睦，而民貴有親，教以敬長，而民貴用命；孝以事親，順以聽命，錯諸天下，無所不行。

是說在社會上希望建立孝敬的風氣，必須從家庭中事親敬長做起，久而久之，逐漸影響到社會群眾，自然就能形成風氣。

《禮記．大學》：

一家仁，一國興仁；一家讓，一國興讓。

這是說風氣的形成，實際大多是由家庭開始發生作用，逐漸擴張影響所致。又云：

欲治其國者先齊其家，欲齊其家者先修其身。

又云：

其家不可教，而能教人者無之。故君子不出家而成教於國。

也是在強調家庭教育的重要性。

我國歷來都非常重視家庭教育，《儀禮．士冠禮》就是家庭教育的畢業典禮，二十年的耳提面命，基本做人的道理應該都懂得了，然後才能舉行冠禮，這就相當於現在所謂的成年禮。成年之後才可以行成家的婚禮，成人成家之後才能外出拜客，於是而有士相見禮，一切應對進退都能合規中矩，然後才能出入社會甚至任職朝廷或出使外國，也都没有太大的問題，於是而有鄉飲酒禮、鄉射禮等社交禮節的安排，以及其他朝堂，外交禮節的設計，家裡還有喪禮、祭禮等的節目。所有的禮可以說都是由家庭教育的完成作爲基礎，没有完好的基礎，就不能有其他的禮節了，而家庭教育中最基本的禮就是對父母的孝，因此可以說禮之行始于孝。

常聽人說：現在的社會病得很嚴重，不知如何才能治得好。我認爲首先要知道病源在哪裡？今日的病源就在於家庭教育的將近破產，一般父母只知疼惜溺愛孩子，而不知道更應該好好教導孩子懂得如何做人；尤其由於平日工作繁忙，不太注意自己本身的生活行爲直接給孩子的影響，自身不孝敬父母，如何要求孩子孝敬自己？又如何希望他們做人能夠成功。所以期望能改變社會風氣，惟一的辦法，就是重建家庭教育，首先要務即是

說禮

提倡孝道。

（原載國文天地137期）

禮中有親情

現在是民主法治的社會，一切是非對錯，都要依循法理的思考方式來作裁斷。大家似乎都已經習慣於法律至上的生活觀念，而且認爲這是理所當然，没甚麼可懷疑的。甚至於以爲中國自古就是如此，所以現在這樣原就是應該的。說民主，就引「民爲重，君爲輕，社稷次之」，認爲孟子就主張民主；談法治，就引「王子犯法，與民同罪」，認爲這是天經地義的道理。但不知道孟子的話是在說民本，不是民主；「王子犯法，與民同罪」，只是李斯的意見，歷史上從來没有實行過。這不但是厚誣古人，而且是欺騙今人。

民主和法治，原都是西方的產物，清末民初之際由留學生大量引進來的。其實世界上還有其他各種不同的政治型態和政治理念，當時只是因爲反對慈禧太后的專制跋扈，而民主法治正好是與專制體制相敵對的，很多人都希望利用西方的民主法治來拯救中國，於是民主法治成了一時的風尙，進步的思潮。不談民主，就被視爲落伍；不談法治，就是守舊。接著就是革命成功，慈禧太后是被推翻了，在求新求變的口號聲浪中，其他舊有的傳統文化，無論是精華或是糟粕，只要是舊有的，差不多都受到鄙夷和排斥。五四運動給舊文化帶來的傷害已經是夠大的了，跟著又是紅衛兵的破四舊，幾十年下來，千年老根已被挖斷。中國大陸從此就一路跟著馬、列跑；台灣則是跟著西方的民主法治跑；一直跑到今天，兩邊都還在繼續跑。

民主、法治、科學、經濟等，都是好東西，這些東西西方確實是比我們進步很多，我們應該向他們努力學習。但是我們也有幾千年的歷史，也有很多不同於西方的好東西。但是那些傳統的理念，大部分已經退隱淡化於日常生活裡面，不大爲人所注意。賸下的也有的以誤解或曲解的方式予以新的認同。於是很多應該是我們中國人自己的是非理念，而如今都顯得模糊了。我們不妨靜下心來討論，至少也應該先予以瞭解，不存任何成見，尤其不要以維護故舊的遺老自任，什麼都是舊的好；也不必以進步的現代人自居，而盲目地否定一切不合現代觀念的東西。等眞正瞭解之後，再進一步思考其整體的社會價値。

在我們的經典文獻裡，有幾則小故事可以提出來談談。首先在《論語‧子路》篇裡記載著葉公和孔子的一段談話：父親偷羊，兒子作證，葉公認爲這是坦直的表現；而孔子並不同意。孔子說：「父爲子隱，子爲父隱，直在其中矣。」依現代法治觀念來看，隱瞞犯罪事實是不對的，甚至還可以認定爲是共犯。孔子則認爲應該彼此維護，相互爲對方隱瞞，才是眞正的坦直。兩者之間的認定，差異甚大。

另外在《孟子‧盡心》上篇，桃應問孟子說：舜爲天子之時，皋陶爲司法官，如果舜的父親瞽叟殺了人，舜該怎麼辦？孟子回答說：舜應該像丟掉破鞋子一樣地丟棄天子之位，偷偷地揹負起老父，逃到靠近海邊的地方去住下來，從此逍遙自在，快快樂樂地過日子，完全忘掉以前的天下大事。依照現在的眼光來看，舜不僅是知法犯法，而且是協助兇手逃亡的從犯。但是孟子的看法則不同，兩者之間的判定，差異也是很大。

還有一件事見於《春秋》隱公元年經：「鄭伯克段于鄢。」段是鄭莊公同母所生的弟弟，母親姜氏喜歡段，段擁有兵馬之後，準備攻打都城，搶奪君位，姜氏也準備開城作內應。鄭莊公於是帶兵打敗了段的軍隊，段退到鄢的地方，鄭莊公又直追入鄢。依《公羊》、《穀梁》二傳的說法，最後鄭莊公終於殺了段。起先段在不斷擴張勢力的時候，曾有人再三勸告鄭莊公，應該趕快採取行動，以免將來坐大之後難以收拾，鄭莊公都以「多行不義必自斃」為辭，或以母親喜歡段這樣的理由，置之不理。最後事發，還是殺了段。

《穀梁傳》則為此發議論，認為鄭莊公這樣做法，等於是「處心積慮成於殺」，如果早作防範或適時制止，就不會發生這種兄弟相殘的人倫悲劇了。尤其是鄭莊公窮追不捨，一直追到鄢地去殺段，就顯得太過分了。《穀梁》還特地為鄭莊公設想該怎麼作才好，「緩追逸賊，親親之道也」，叛逆是要追的，不過可以慢慢地追，讓弟弟有從容逃逸的機會，盡可能避免兄弟相殘的局面，這才是合乎儒家所主張親其所親的道理。犯了叛亂重罪，只因為他是親弟弟，作哥哥的就應該放他一條生路；這和現在人的觀念相對，還是有相當大的差異。

上面所說的三個故事，其中所含蘊的思想觀念，都是儒家傳統的本色；這些典籍也都是過去幾千年來所有讀書人必讀的書，也從來沒有誰表示過異議。可是現在的中國人，面對這樣的三件故事，爲什麼在觀念上會有如此不同的差異呢？難道過去所有的人都沒有現在的人聰明？難道西方人的智慧的確高過我們很多？我想這都不是討論問題的重點，重點應該是針對這些觀念內涵的瞭解，以及這些觀念所反映的社會價值究竟如何，然後才能作適當而正確的判斷。當然，我們也不能因爲那是孔子、孟子、穀梁子說的話，就一定都是對的，而不能討論。

其實說來也很簡單，這三個故事所強調的只不過是親情的重要而已。但是強調親情的同時，是否意味著公義受到貶抑與傷害？如果以現代的法理觀點來看，自然是公義爲先：但是中國人對事情的看法卻有點不同。中國人的看法是先有家而後才有國，先重親情而後才論公義。這關係於儒家思想的基本觀念，那就是先內而後外，先近而後遠，先小而後大，先輕而後重，以逐漸推展的方式來實踐理想。譬如說「移孝作忠」，也是要先立足於孝親，而後再轉移到忠於國。又如《公羊傳》說：「內其國而外諸夏，內諸夏而外夷狄。」也是特別強調內外輕重之別。《禮記．喪服四制》篇說：「門內之治恩揜義，門外之治義斷恩。」治就是管理方式。管理方式有門內與門外之別，而且是先重門內，然後才顧及門外。換句話說，就是先重門內的親情，而後才顧及門外的公義。有人說中國人只重私情不顧公義，這話是不對的；〈喪服四制〉說得很清楚，走出門外就必須以公義來裁斷私情。不過其間還是有先後輕重之別，並非只重私情不顧公義。

以上面所說的三件事情來說，父親偷羊，任何人都可以作見證，只有兒子不可以，說明公義的受到委屈，範圍只限定在某一個人的身上；為了避免父子親情的受到傷害，可以不必一定責求其子出來作證，兩害權其輕，這樣的考量應該是可以接受的，也是現代法理觀念所關注不到的地方。其次，舜的父親瞽叟殺人，舜身為天子，不能不追究。但是如果舜不再是天子，他就沒有追究的責任了。將來皋陶負責追究以伸張正義，那是應該的，但也畢竟是另一回事了。在舜本身能做的，只有揹起老父，逃到海邊隱居起來。這樣維護父子親情的做法，也應該是可以理解的。至於有人被殺，兇手不能讓他逍遙法外，公義必須伸張，孟子並沒有說不應該；孟子的觀念只是認爲舜不可以負責追究。這種並未違背法理，重視親情寧可拋棄一切的行爲，也是現代人不太容易想像的事。至於鄭伯克段于鄢的事，叛國的政治犯是應該要處理的，不過穀梁子的觀點，是說明如能早點制止，這場戰亂就不會發生；既已發生，緩追逸賊，一樣可以彌平戰亂，不必非要弄得兵戎相見，兄弟相殘不可。在政治鬥爭中，要哥哥能重視親情，放弟弟一條生路，這在現代人也是不容易理會的事。

重視親情，是源自中國特有的家族制度和家族觀念；而家族制度和家族觀念的形成，則又是源自於喪服、宗法制度的推廣與實行。這些傳統禮制主導著中國人的生活觀念已有數千年之久，如果說這數千年之間全無公義的存在，那是不可能的事。同時由於重視親情，促使家族之間的情感凝聚成爲一體，再擴張而促使天下國家整合成爲一統；人際關係因重視情感而敦厚，天下國家因情感融合而更形堅固，其社會價值應該可以由我們歷史的源遠流長得到最好的證明。

（原載國文天地130期）

禮不下庶人刑不上大夫論

《禮記・曲禮》曰：「禮不下庶人，刑不上大夫。」

這兩句話看起來似乎含有強烈的階級觀念和特權意識，在今天看來是相當刺眼的，但在當時卻自有其道理。那時候是貴族統治時代，天子、諸侯、公、卿、大夫、士，都是貴族，平民是庶人，貴族永遠是貴族，庶人永遠是庶人，所以階級是自然形成的，而特權在當時也是有其必要的。

禮的種類繁多，每種禮都有很多必須準備的物品，比如祭禮就需要各種的祭器，普通人家不可能完全具備的，只有貴族才有傳家的祭器，一般庶人既無祭器，也沒有足夠的能力去準備各種應有而豐盛的祭品，因此無法對庶人要求，一切都要遵照禮數去做，所以「禮不下庶人」者，其實是

說禮

說不為庶人設置常禮，必要時可以比照士禮實行，所以說「禮不下庶人」，其實是顧及庶人力有所不逮，而作的權宜辦法，並非特別強調階級的差別觀念。

至於大夫通常都是由士的階層選拔升任的，一個士能升為大夫，是要經過很多考驗的，人材的培養是不容易的，但要毀一個人卻很容易，因此一個人成為人材之後，就有設法保護他的必要。人非聖賢，孰能無過，一旦犯錯，就要依法處置，可能因此就毀了這個難得的人材，對國家而言，豈非是項損失，因此「刑不上大夫」，意思是說大夫一旦犯過，不能就依常刑判罪，必須考量其平時的功過得失，盡量尋求寬赦之方，也就是設法保護既得人材的用意。《周禮．秋官．小司寇》有「八辟之議」，是說有八種人材一旦犯罪，都要經過議罪的過程，議罪的目的也是在於盡量給予寬赦。還有中國字「罷」字上面是網，下面是能，表示一個有材能的人不幸陷人法網，《說文》解釋為「赦有罪也」。是說材能之士犯了法，應該盡量予以寬赦開脫，目的都是在為人材難得而作考量，所以當一個士經過種種品德行為的考驗，能夠獲准升為大夫，相信不致於輕易犯錯，萬一犯錯，必須盡量給予寬赦，這是基於保護人材的心態，和強調特權的意識絕對無關。

司馬遷於被刑之後，任中書令，尊寵任職，其舊交益州刺史任安予遷書，責其當以推賢進士爲務，遷還報其書，首云：

如今朝雖乏人，奈何令刀鋸之餘，薦天下豪儁哉。

又云：

今已虧形爲埽除之隸，在闒茸之中，迺欲卬首信眉，論列是非，不亦輕朝廷，羞當世之士邪？

又云：

傳曰：刑不上大夫。此言士節不可不厲也。

終云：

猛虎處深山，百獸震恐，及其在阱檻之中，搖尾而求食，積威約之漸也。當此之時，見獄吏則頭槍地，視徒隸則心惕息，何者？積威約之勢也，及已至此，言不辱者，所謂彊顏耳，曷足貴乎？

又云：

且西伯、伯也；李斯、相也；淮陰、王也；魏其、大將也；此人皆身至王侯將相，聲聞鄰國，及罪至罔加，不能引決自財，在塵埃之中，安在其不辱也。且人不能蚤自財繩墨之外，已稍陵夷，至於鞭箠之間迺欲引節，斯不亦遠乎。古人所以重施刑於大夫者，殆爲此也。

司馬遷這篇文章的主旨在說明一個人的氣節非常重要，猛虎在深山，自有其威風氣概，而一旦陷入牢籠，搖尾求食，和狗沒有甚麼兩樣。人也如此，王侯將相在位時，氣勢豪壯，因事入獄之後，在刑戮的威嚴之下，一樣也是毫無氣勢可言，本省話「漏氣」這一個辭非常傳神。平時像充了氣的氣球，十分的體面，而有氣度，如果用針戳破，洩漏了氣之後，甚麼氣度氣節都談不上了。士升爲大夫之後可以享有不依常刑論罪的特權，司馬遷說「此言士節不可不厲」，說明這項特權的積極用意是在砥礪士者的節操，而消極用意則是在於保護難得的人材，所以他又說「古人所以重施刑於大夫」，一則是在論事，一則也是在抒發己怨。於此可見古代「禮不下庶人，刑不上大夫」的制度眞的是很人性化，很合情理的規定。

司馬遷爲李陵申辯而得罪，卒從吏議下獄，「家貧，財賂不足以自贖，交游莫救，左右親近不爲壹言。」倘能自贖，或得旁救，則何至於「交首足，受木索，暴肌膚，受榜箠，幽於圜牆之中。」獨與法吏爲伍，所謂屈辱喪氣，而無可奈何者也。然而既經入獄，其氣已失，安能望其昂首申眉，推賢納士哉。此司馬遷答復任安無法幫忙的主要理由，也正說明了士者養氣，砥礪節操之後始能獲升爲大夫，才能獲得享有「刑不上大夫」的榮譽特權。

（原載國文天地138期）

孔氏不喪出母論

子上之母死而不喪，門人問諸子思曰：「昔者子之先君子喪出母乎？」曰：「然。」「子之不使白也喪之，何也？」子思曰：「昔者吾先君子無所失道，道隆則從而隆，道污則從而污；伋則安能，爲伋也妻者，是爲白也母，不爲伋也妻者，是不爲白也母。」故孔氏之不喪出母，自子思始也。

（《禮記．檀弓上》）

子思之子名白，字子上，他的母親死了，而孔家卻没有爲她辦理喪事。子思的學生覺得很奇怪，就問子思說：「從前您的先大人有没有爲他的出母辦理喪事？」子思說：「有的。」學生再問：「既然如此，您爲甚麼不讓您的兒子為他母親辦喪事呢？」子思說：「從前我父親所做沒有任何地方不合道理，按道理應該重的就加重，應該減輕的便減輕，我哪裡能做到那樣，我認為她還可以是我的妻，她才是白的母親；她要不再可能是我的妻，那就不是白的母親，所以我不讓白為她辦喪事。」所以孔家不為出母辦喪事，是從子思開始的。

孔氏之不喪出母自子思始，這是〈檀弓〉的作者說的，其實這句話是有問題的。首先就〈檀弓〉這段文字來說，只能說是子上不喪出母而不是子思不喪出母，其實子思不喪嫁母是指另一段文字。其次出母與嫁母不同，已經離異的母親，最後死在娘家者謂之出母，既已離婚之後又再改嫁者或父死之後又改嫁者謂之嫁母。子思之母是嫁母而非出母：

> 子思之母死於衛，赴於子思，子思哭於廟。門人至曰：「庶氏之母死，何為哭於孔氏之廟？」子思曰：「吾過矣！吾過矣！」遂哭於他室。（〈檀弓下〉）

子思的母親死在衛國，有人赴告於子思，子思跑到家廟裡去哭，子思的學生來了，就說：「我們只聽說是姓庶人家的母親死了，您爲甚麼哭於孔家的廟中？」子思說：「是我錯了！是我錯了！」於是就到別的屋裡去哭。

鄭玄注云：「嫁母也，姓庶氏。」又云：「嫁母與廟絕族。」母親改嫁別姓，就成爲別姓之母，而不再是初嫁人家的姓氏了，此之謂與廟絕族。子思之母死的事，還有一段記載：

子思之母死於衛，柳若謂子思曰：「子、聖人之後也，四方於子乎觀禮，子蓋慎諸？」子思曰：「吾何慎哉？吾聞之，有其禮，無其財，君子弗行也；有其禮，有其財，無其時，君子弗行也，吾何慎哉？」（〈檀弓下〉）

子思的母親死在衛國，柳若對子思說：「您是聖人的後人，四方之人都在看你如何行禮，您爲甚麼不特別小心些？」子思說：「我有甚麼地方須要小心謹愼的？我聽說過，即使有這種禮，但錢財不夠，君子也可以不必行此禮。又即使有這種禮，也有足夠的錢財，但不是適當的時機，君子也可以不必遵行此禮，我有甚麼好小心謹愼的？」子思的意思是認爲嫁母根本就無此禮，所以無須小心謹愼。這也只是在說明子思不喪嫁母。

伯魚之母死，期而猶哭。夫子聞之曰：「誰與哭者？」門人曰鯉也。夫子曰：「嘻，其甚也！」伯魚聞之，遂除之。

（〈檀弓上〉）

子思的先君子（以故的父親）名鯉字伯魚，是孔子之子，伯魚的母親死了，已經過了一週年，伯魚還在爲母親的喪事而哭泣，孔子聽到了，就說：「是誰在哭？」學生說是鯉在哭，孔子說：「啊，已經過份了！」伯魚聽了之後，就撤除喪事不再哭了。

伯魚之母，就是孔子之妻，依據上面子思學生的問話「子之先君子喪出母乎」，可知伯魚之母也是出母，但伯魚爲出母服喪過了一週年以後孔子才說話，由知子女爲出母可以服喪一年。按《儀禮．喪服》篇的記載：父在爲母，服齊衰期，因爲父是一家的家長，如尙在世，必須爲他保留最重要的喪等，所以父在爲母，就只好由斬衰三年降等爲一年之喪了，伯魚爲母服喪一年是合禮的，所以子思面對學生，只能說出「昔者先君子無所失道。道隆則從而隆，道汙則從而汙」這樣模糊的話。

從上面的幾段文字看來，出母與嫁母不同：離婚之後，母親一直住在娘家者謂之出母；回到娘家之後改嫁，或父死之後改嫁者，都謂之嫁母。出母雖然回到娘家去住，離異可能出於一時誤會，誤會一旦冰釋，夫妻還有破鏡重圓的可能，就像平劇中的「御碑亭」一樣，也就是前文子思所說的「爲伋也妻者，是爲白也母」的意思，還可以是子思之妻，才是白的母親。但如果改嫁了，便成爲別的姓氏人家的母親了。此之謂嫁母。就如子思之母死於衛，子思只能哭於他室，而不能哭於孔氏之廟。既然已是庶姓人家的母親死了，孔家當然不能爲她辦理喪事。所以子思不爲子上之母辦喪事，則子上之母一定也是嫁母。但子思在他學生面前，又不能說得很清楚，只好含含糊糊地說：「她要不再可能是我的妻，那就不是白的母親。」

夫妻離異，妻回到娘家去住，這只是夫妻關係的暫時斷裂，將來還有復合的機會。就兒女而言，母親暫時回到娘家去住，並沒有太大的改變，母親還是母親，母子的恩情依舊，母親死亡了，兒女自當照常服喪，而且當服齊衰一年之服，伯魚所服是也。如果母親改嫁，成爲他姓人家之母，則不僅夫妻恩情斷裂，而且母子間的恩情也一併斷絕，所以子思、子上都不爲嫁母服喪。由此可知〈檀弓〉所載當是不喪嫁母，而不是不喪出母。

其實嫁母也並非一概不服喪，《儀禮．喪服》篇齊衰杖期章裡有「父卒、繼母嫁、從、爲之服、報」一條，報是相互爲服的意思，是說父親死亡後，那時候婦女沒有工作能力，繼母爲了生活不得已而改嫁，讓兒子一直跟著母親，由母親扶養長大後，再認姓歸宗，母親犧牲自我，而爲原來的宗族保存一線血脈，這樣偉大的情操，兒子難道不應該爲她服喪嗎？〈喪服〉篇中列的是繼母尚且如此，生母自也一樣，此之謂舉輕以包重。

《通典》卷八十九載有「父卒爲嫁母服」一條云：

漢石渠議問父卒母嫁爲之何服？蕭太傅云：當服周，爲父後則不服。韋玄成以爲父歿則母無出義，王者不爲無義制禮，若服周則是子貶母也故不制服也。宣帝詔曰：婦人不養舅姑，不奉祭祀，下不慈子，是自絕也，故聖人不爲制服，明子無出母之義，玄成議是也。石渠禮議又問夫死妻稚子幼，與之適人後何服？韋玄成對：與出妻子同服周。

同卷又「父卒母嫁復還及庶子爲嫡母繼母改嫁服議」條云：

周制父卒繼母嫁從爲之服報，貴終也。……然則禮許其嫁，謂無大功之親，己稚子幼，不能自存，故攜其孤孩，與之適人，上使祖宗無曠祀之闕，下令弱嗣無窮屈之難，故曰貴終也。若偏喪之日，志存爽貳，不遵恭姜靡他之節，而襲夏姬無厭之欲，輕忽先亡，棄己如遺，無顧我之恩，何貴終之有也？如禮之旨，則子無不從，且非禮而嫁，則義之所黜，何服之有哉？

爲顧念孤弱，攜子改嫁，《儀禮・喪服》齊衰不杖期章「繼父同居者」條下傳曰：

何以期也？傳曰：夫死，妻稚子幼，子無大功之親，與之適人，而所適者亦無大功之親，所適者以其貨財爲之築宮廟，歲時使之祀焉，妻不敢與焉，若是則繼父之道也。

此子爲養育之恩爲其繼父尚且有服，其母亦爲養育孤弱而改嫁者，理當有服。是以爲嫁母亦非全無服也；由見古禮順情而制，非一成不變者也。

（原載國文天地140期）

恩理節權——制定喪服輕重的四大原則

喪服是傳統文化中最精密也最精采的智慧結晶，影響我歷史社會極爲深遠的瑰寶，可惜現代很少有人能瞭解其中的道理，以致逐漸因無知而排斥，因誤解而唾棄。現存最早的資料當然是《儀禮．喪服》，不過那只是服喪親等規劃的條文而已，至於何以如此規劃的原因，則必須要靠《禮記》的闡釋，才能得知究竟。

> 變而從宜，取之四時也。有恩、有理、有節、有權，取之人情也。恩者仁也，理者義也，節者禮也，權者知也，仁、義、禮、智，人道具矣。（《禮記．喪服四制》）

這裡提出四項原則，首先說明取之四時的意思，是說猶如年有四時變化，運用各得其宜，恩理節權，都是根據人情而產生的。

第一是恩，恩是恩情，人與人相處日久，自會產生感情，何況是對我們有生養教育之恩者，這份恩情，更是特別深厚，所以父母對子女的恩情是任何人際關係所無法相比的，當父母亡故時，子女爲服最重的三年斬衰之服，故〈四制〉篇說：

其恩厚者其服重，故爲父斬衰三年，以恩制者也。

鄭玄注：「服莫重斬衰也」。其他如兄弟姊妹所謂骨肉之親，伯叔父母等都是具有血緣關係的一家人，也是朝夕相處，恩情自也不比尋常，凡有喪亡，必爲之服喪，此謂以恩而服。

第二是理，理是義理，即據義以推理的意思。所以〈喪服四制〉篇說：

資於事父以事君而敬同，貴貴、尊尊，義之大者也，故爲君亦斬衰三年，以義制者也。

所謂君臣以義合，其間未必有恩情可言，但子事其父，爲以下事上，臣之事君，同樣也是以下事上，既然君臣有義，君若亡故，臣亦不能視若無睹，以義推理，事君、事父都是以下事上，而且都是要求以敬爲主，因此就借用子事其父的斬衰三年之服來對待其君及與其君有密切關係之人，此之謂以義理制服。

第三是節，節是節制，〈喪服四制〉篇又說：

三日而食，三月而沐，期而練，毀不滅性，不以死傷生也；喪不過三年，苴衰不補，墳墓不培；祥之日鼓素琴，告民有終也；以節制者也。

喪禮中制定許多節目和儀節，其用意在告訴人們要隨著時間及諸節目的變化體認親人的亡故已是無可挽回的事實，而生者還是要好好地活下去，依照節目的變更，我們要逐漸宣洩悲傷的情緒，節制自己的行爲，慢慢恢復正常的生活，所以說親人剛死，最多三天不吃不喝，最多三個月不洗頭，到一年期滿十三個月小祥時就可以換穿比較細緻些的練冠練服了，哀毀而不可傷身，規定最長不得超過三年，因此縗服如有破損，也不須縫補，墳墓也不須培土，到了三年大祥時，就可以彈素琴（沒有華麗雕飾的琴）奏樂了，這說明喪期已到了結束的時候了。這就是安排種種儀節來制定喪服輕重變化以表示應有適當節制的意義。

第四是權，權是權宜之變。禮並非一成不變，有時也須有權宜的方法來處理問題，因此權變也是服制的一項原則。桓公十一年《公羊傳》：

權者，反於經然後有善者也，行權有道，自貶損以行權，不害人以行權。

行權必須具備這三個條件，一是雖因不得已而暫且違反於常道，但結果一定是好事；二是自我有所貶損；三是無害於人。喪服中遇有重喪，規定必須杖，以扶持因哀傷過度而無法支持的病體。而〈喪服四制〉篇又說：

杖者何也？爵也。三日授子杖，五日授大夫杖，七日授士杖，或曰擔主，或曰輔病。婦人童子不杖，不能病也；百官備，百物具，不言而事行者，扶而起，言而后事行者，杖而起，身自執事而后行者，面垢而已。禿者不髽（音ㄓㄨㄚ），傴（音ㄩˇ）者不袒，跛者不踊，老病不止酒肉。凡此八者，以權制者也。

杖者爵也，有爵者始得用杖，故以杖示其爲有爵者之身份，故謂之爲擔主，是爲爵杖。謂之輔病者，杖又可以扶持病體，故有喪者悲苦不能支撐時亦許用杖以輔之，是爲喪杖，這是無爵者之杖，也是不應杖而杖之例。授杖，是說喪者當用杖時，家中給予所扶的杖，孝子則一律三日授杖，是爲正杖。天子之喪，七日而殯，殯而成服，故七日授士杖，五日授大夫杖，大夫、士有不同者，即權其爵有尊卑而制也。故鄭玄注云：「五日、七日授杖，謂爲君喪也」。孔疏說：「故先舉正杖於上，言爵也者，杖之所設，本爲扶病，而以爵者有德，其恩必深，其病必重，故杖爲爵者而設，故云爵也」。又說：「婦人謂未成人之婦人，童子謂幼少之男子」。無論男女，如沒有成年，感情尙未穩定，可說是還不懂得悲傷的輕重，當不致於因傷痛而病得無法支持，既不能病，所以依禮應用杖而可以不用杖，雖有變於常規，而終歸於善意，雖有所減損，而無害於人，故謂之權變。又鄭注云：「扶而起，謂天子諸侯也；杖而起，謂大夫、士也；面垢而已，謂庶民也」。

茲依孔疏之說，說得更淸楚些：首先如天子、諸侯的身份文武百官都是辦事的人，一應百物自都具備無缺，不須言語交代甚麼，而喪事自會有人替他把一切都辦好，所以可以讓他們因悲傷而病得深重些，重到雖然有扶持病體的杖，扶杖還是起不來也是可以的，所以乾脆就不須用杖，直接由旁人扶著站起來行禮；其次是指大夫和士的身份，一切必須由自己交代淸楚，然後事情才能辦妥，因此就不許因哀傷而病得過於沉重，不須靠別人扶持，用杖就可以起身者，當然用杖。至於庶人，地位卑微，沒有別人可供使喚，事事都須自己親身料理，所以不許哀傷成病，雖應用杖而也不許沉重到要用杖的地步，最多只許面有塵垢之容而已。以上是舉用杖爲例，說明有應杖而可以不杖者，因權而制宜之事。

重喪之時婦人以麻絲編髮成辮之狀謂之髽，婦人曰髽而男子曰免，如婦人禿而無髮則亦可不髽，男子禿亦不免，喪禮至小斂時，喪主必須袒而括髮，袒是袒露胸背，括髮是以麻繩束髮於背後，傴是駝背，如是駝背則可以不必袒露，喪禮中有必須辟踊者，辟踊即捶胸頓足，跛者足不良於行，自可不踊，〈問喪〉篇說：

然則禿者不免，傴者不袒，跛者不踊，非不悲也，身有錮疾，不可以備禮也。

不必勉強要求，是亦權宜之變。又老者非肉不飽，病者需要養身，因此老病之人，雖遇喪事，而不禁止酒肉，也是權宜之變，以上八件事，依孔疏所說：

所謂八者：應杖不杖，不應杖而杖，一也；扶而起，二也；杖而起，三也；面垢，四也；禿者，五也；傴者，六也；跛者，七也；老病者，八也。庾蔚云：父存爲母，一也，不數杖與不杖之利。皇氏、熊氏並取以爲說，今案經文爲母期乃屬前經，鄭於期下總注三日而食，三月而沐之事，是爲母期之文，乃在節制之中，不得下屬此經權制之例，又此經權制之例，乃載杖與不杖之條，此經末又總云八者，是總此經之八事，今乃不數此經杖條，便是杖文虛設，庾氏之說，恐未為善，聽賢者擇焉。

余以爲孔疏之說是也，惟古人的計算事情，常常只記其大概，未必就一定正指這八件事情，如依孔說，應杖而不杖與不應杖而杖，也應該分爲兩事，如此則應當是九件事了，八事或九事，原本不妨礙於這些爲權而制的道理。

以上是依據〈喪服四制〉篇所載談到恩、理、節、權關於制訂喪服輕重的四大原則，應該還有其他的原則，其他的就留待以後再談了。

（原載國文天地158期）

服術有六

喪服雖是以家族成員爲主，兼以尊尊而包有君臣關係，然而家族成員即已非常複雜，如何區分遠近輕重，而給予適當的判斷，應該有些合理的原則，在〈喪服四制〉篇已提及恩、理、節、權四項原則之外，〈大傳〉篇也有一段說到有關喪服輕重變化的原則：

服術有六：一曰親親，二曰尊尊，三曰名，四曰出入，五曰長幼，六曰從服。

服術，是說喪服輕重變化的項目，其實親親就是〈四制〉所說的「恩」，尊尊就是「理」，因此鄭玄說：「一曰親親，父母爲首，二曰尊尊，君爲首。」

一曰親親者，親其所親，當是以父母爲首，旁及兄弟姊妹，上追祖、曾祖、高祖，下推子、孫、曾孫、玄孫，都是血親關係，自皆有服。陸佃《禮記解》云：「親親，下所謂自仁率親是也；尊尊，下所謂自義率祖是也。」吳澄《禮記纂言》云：「其一親親之服，承上文人道之親親，下治子孫者而言，子，至親也，故適長子斬衰三年同於父，衆子齊衰期同於祖，子之下其親者孫，故適孫齊衰期亦同於祖，衆孫則大功九月，孫之下其親曾玄，並緦麻三月，此親親之下殺也。其二尊尊之服承上文人道之尊尊上治祖禰而言，父、至尊也，故斬衰三年，其父之重無以加，父之上其尊者祖，故齊衰期，祖之上其尊曾高，並齊衰三月，此尊尊之殺也。」吳氏之說尊尊是從上治祖禰而言，與鄭玄之說不同。

二曰尊尊者，鄭玄說是「君爲首」，是以君臣上下來說，則尊其所尊，謂臣之尊君，是資於事父以事君，是由子之尊父的關係而推理出來的。在過去君主時代的觀念中，自以鄭玄之說爲是。

三曰名者，名即名份。鄭玄注說：「名，世母叔母之屬也」。世母、叔母，都有母的名稱，但世母和叔母原本與我爲不識，因來嫁於世父與叔父而得有母名，既有母名，就應該跟著世父叔父而爲之服喪。

〈喪服・不杖期章〉：「世父母、叔父母」條下傳曰：「世父、叔父，何以期也？與尊者一體也。昆弟，一體也。」又曰：「世母、叔母，何以亦期也？以名服也。」孔疏云：「二母是路人，以來配世叔父，則生母名，既有母名則當隨世叔而服之，故云以名服也。」

又〈喪服・大功章〉：「傳曰：夫之昆弟何以無服也？其夫屬乎父道者，妻皆母道也；其夫屬乎子道者，妻皆婦道也。謂弟之妻婦者，是嫂亦可謂之母乎，故名者人治之大者也，可無愼乎？」鄭注云：「道猶行也，言婦人棄姓無常秩，嫁於父行則爲母行，嫁於子行則爲婦行，謂弟之妻爲婦者，卑遠之，故謂之婦。嫂者尊嚴之稱。是嫂亦可謂之母乎？嫂猶叟也，叟，老人稱也。是爲序男女之別爾。若已以母婦之服服兄弟之妻，兄弟之妻以舅子之服服已，則是亂昭穆之序也，治猶理也，父母、兄弟、夫婦之理，人倫之大者，可不愼乎。」

以名服者，不止世母叔母而已，〈喪服・小功章〉還有「從母，丈夫、婦人報」條，從母，即母之姊妹，俗稱姨媽。「傳曰：何以小功也？

以名加也。」鄭注云：「丈夫、婦人，姊妹之子男女同。」姊妹之子男女即姨表姪兒姪女。報謂彼此相為服也。孔疏云：「母之姊妹，與母一體，從於己母而有此名，故曰從母。」又云：「云以名加也者，以有母名，故加至小功。」

又〈緦麻三月章〉：「士為庶母」條下「傳曰：何以緦也？以名服也。」士為庶母有服，而大夫則無服，以尊而降也。鄭注云：「以有母名，故有服。」同章「乳母」條下「傳曰：何以緦也？以名服也。」孔疏云：「有母名，即為之服緦也。」又「從母昆弟」從母昆弟即姨媽與其姪兒之間。其下亦云：「傳曰：何以緦也？以名服也。」孔疏云：「因從母有母名而服其子，故云以名服也。」

他如生母（父在為母，父卒為母，過繼者為其生母）、繼母、慈母、出妻之子為母、祖母、外祖母等，皆本有服。而世母、叔母、庶母、從母、乳母等皆無直接血緣關係，只因有母之名，故為之有服，是謂名服。

四曰出入者，出謂出嫁，入謂嫁後又回到本家。女子子即自家的女孩子，女孩子如果出嫁了，就成為別人家的人了，當然和在自己家裡的身份完全不同，因此她們爲本親，以及本親爲她們如果要服喪，其服喪的狀況自然有變化，此之謂出入，又爲人後者（即俗謂過繼者）爲所後者與本生父母，也因和原來的關係改變了，而所服也有所改變。如女子子在室爲父在斬衰三年章，而女子子適人者爲其父母則降等在疏衰不杖章，爲世父母叔父母及爲昆弟皆在疏衰不杖章，而女子子適人者爲眾昆弟及女子子嫁者爲世父母則皆降等在疏衰裳齊無受章。爲人後者在斬衰三年章，但爲其本生父母則降等在疏衰杖期章。

五曰長幼者，長謂成人，幼謂未成年而卒者，即所謂殤者，爲成年者自有正服，爲未成年者則有殤服。大功布衰裳牡麻經無受者章「于女子子之長殤中殤」條下「傳曰：何以大功也？未成人也。」又曰：「年十九至十六爲長殤，十五至十二爲中殤，十一至八歲爲下殤，不滿八歲以下皆爲無服之殤。」此之謂長中下三殤，年齡不同而喪服有別，故爲長幼之服。如叔父之喪原在疏衰不杖期章，而叔父之下殤則在小功五月章。

六曰從服者，〈大傳〉曰：「從服有六：有屬從，有徒從，有從有服而無服，有從無服而有服，有從重而輕，有從輕而重」。

從者從於人而有服也。「屬從」之下鄭注云：「子爲母之黨。」屬謂親屬，子從於母，母爲其親屬服喪，其子從於母而亦有服，是爲屬從。「徒從」之下鄭注云：「臣爲君之黨。」孔疏云：「徒、空也。與彼無親，空服彼之支黨，鄭云臣爲君之黨。鄭亦略舉一條。妻爲夫之君，妾爲女君之黨，庶子爲君母之親，子爲母之君母並是也。」君臣無親而有尊，因尊君而爲君之黨有服，是爲徒從。「從有服而無服」之下鄭注云：「公子之妻爲公子外兄弟。」孔疏云：「鄭亦引服問篇云公子之妻爲外兄弟也，公子被君厭，爲己外親無服，而其妻猶服之，是從無服而有服，娣姒亦是也。」諸候世子以外的兒子，稱爲公子，公子爲諸候之子，具有尊貴的地位，一般人對妻之父母，應有緦麻三月之服，而公子則受到其父諸侯尊爲國君地位所壓抑，爲其妻之父母降爲無服，其妻本有服，故爲從有服而無服。嫂爲兄妻，本應從兄而有服，而嫂叔避嫌，爲卑遠之，亦爲從有服而無服。「有從重而輕」之下鄭注云：「夫爲妻之父母」。妻爲已嫁之女，爲其父母當有疏衰不杖期之服，其夫雖從妻而哀傷，然須降服緦麻三月之喪，是爲從重而輕者。「有從輕而重」條下鄭注云：「公子之妻爲其皇姑」。孔疏云：「公子爲君所厭，自爲其母練冠是輕，其妻猶爲服期，是從輕而重也。」以上六類皆是從人而有服者。此外還有幾個有關喪服的名稱，這裡一併作個說明：

1.正服：即〈喪服〉篇內所載何種身分應著何等之服。

2.加服：加者增也，本服輕而加之重，如孫爲祖父本服期年，若適子不在，而以適孫承祖，則當服斬衰三年。

3.受服：〈喪服・大功章〉「受以小功衰即葛九月者」，鄭注云：「凡天子、諸侯、卿大夫，既虞卒哭而受服。」《溫公書儀》云：「古者既葬、練、祥、禫皆有受服，變而從輕，今世俗無受服，自盛服至大祥，其衰無變，故於既葬，別爲家居之服，是亦受服之意也。」依鄭注，喪禮成衰服，葬而虞祭，虞而卒哭，卒哭之後即以輕服易重服，謂之受服，司馬溫公之時世俗無受服，溫公特製爲家居之服，以代之。

4.義服：原非本族，因義共處而有服者，如妻爲其父母服期年，而婿爲妻之父母則服緦麻三月之類，謂之義服。

5.降服：降者，下也、減也。本服重而減之從輕，如子爲父本服三年，若此子過繼為人之後，則為本生父止服期年，是為降服。

6.報服：報者互相為報。如兄為弟服期，弟為兄亦服期，此之謂報。又姒婦為娣婦服小功，娣婦為姒婦亦服小功之類。

以上皆據徐乾學《讀禮通考》卷三十七引車垓《內外服制通釋》及徐駿《五服集證》為說。

（原載國文天地159期）

宗法簡述

宗法是中國古代一套嫡長繼承的家族組織法。我國數千年來，屢經異族入侵，戰亂頻仍，人口遷徙，而始終能繫存亡於不墜，和異同而相親，融億萬人於一統者，端賴此家族組織之力。

但宗法的起源，向來言人人殊。蓋一制度之形成，當接受歷史中若干條件逐漸孕育而成者。諸如父系氏族社會，宗祀之俗，嫡庶之別，婚姻制度，人口壓力等多重因素，漸漸累積而釀成宗法的，所以上推到殷商或兩周時代，都有痕跡可尋，而一定要說是成於何時，似乎難有定論。因爲一則時湮代遠，二則史籍散失不全，今所見者僅《禮記》中〈喪服小記〉及〈大傳〉兩篇裡談到一點兒而已，就憑這一點兒資料，所能瞭解的畢竟有限，如今也只能簡單地敍述個大概而已了。

〈喪服小記〉云：

別子爲祖，繼別爲宗，繼禰者爲小宗。有五世而遷之宗，其繼高祖者也。是故祖遷於上，宗易於下。尊祖故敬宗，敬宗所以尊祖禰也。

鄭注云：

諸侯之庶子別爲後世爲始祖也。又云：別子之世長子爲其族人爲宗也。謂之小宗者，以其將遷也。

〈大傳〉云：

別子爲祖，繼別爲宗，繼禰者爲小宗。有百世不遷之宗，有五世則遷之宗，百世不遷者，別子之後也。宗其繼別子之所自出者，百世不遷者也；宗其繼高祖者，五世則遷者也。尊祖故敬宗，敬宗，尊祖之義也。有小宗而無大宗者，有大宗而無小宗者，有無宗亦莫之宗者，公子是也。公子有宗道，公子之公，爲其士大夫之庶者，宗其士大夫之適者，公子之宗道也。

王國維《觀堂集林．殷周制度論》云：「此制但爲大夫以下設，而不上及天子、諸侯。天子、諸侯雖無大宗之名，而有大宗之實。」所謂大宗、小宗，實爲宗法建立之重點。〈小記〉、〈大傳〉所云「別子爲祖」者，別子係對嫡長子而言者，嫡長子爲諸侯正式之繼承人，將來負責管理國家大事。而家族諸事亦須有人負責管理，於是而有別子之設，別子者公子也。諸侯之公子並非皆是別子，一世諸侯只一公子爲別子，依鄭玄說，諸侯嫡長世子之同母弟，即次嫡子始得爲別子，若無次嫡子，則以長庶公子爲之，次嫡子亦庶子也。庶者眾也，故鄭注謂諸侯之庶子是也。祖者始也，有一家之始與大宗之始之義，後世子孫共尊之，百代祀之，故謂之祖。一家、一宗始於別子，後世子孫亦可謂別子爲始祖，世系可考之最初遠祖也。故別子爲祖者，謂別子爲百代族人之始祖也。

繼別爲宗者，繼別謂繼承別子者，即別子之嫡長子也，繼別爲宗者，謂別子之嫡長子，族人尊之，以其統領群公子，群公子尊之為一宗之首，是為大宗，百世不遷者也。故大宗必是適出一系。然而宗名必非自稱，乃宗之者之所稱。於公子之世尙無大宗、小宗之名。必至繼別者之世始有大宗之名，而仍無小宗之名。必至於別子之適長孫世，始有小宗之名。

繼禰者為小宗，〈喪服小記〉鄭注云：「謂別子庶子之長子，為其昆弟為宗也。」〈大傳〉孔疏云：「別子謂諸侯之庶子也。諸侯之適子適孫繼世為君，而第二子以下悉不得禰先君，故云別子。並其後世之始祖。」

依上所述，宗法惟行於諸侯以下，諸侯之子為公子，公子始有宗道。則別子之嫡長子，嫡長孫等世世為大宗，以領諸弟；其嫡長子之弟（即先君之庶子，包括次適子及庶母所生之子）為禰，禰之嫡長子，嫡長孫為小宗，族人尊之，是為五世而遷之小宗也。故小宗必是庶出一系。以表明之：

諸侯
- 嗣君（嫡長子）——嗣君——（國亡乃絕）
- 別子（嫡系）——繼別者——大宗（百世不遷）
- 禰（庶系）——小宗（五世而遷）

〈大傳〉又云「有小宗而無大宗者」，孔疏云：「謂君無適昆弟，遣庶兄弟一人爲宗，領公子，禮如小宗。是有小宗，而無大宗」先君無適昆弟，是未有立大宗者，然得以庶兄弟一人爲小宗，是有小宗而無大宗也。「有大宗而無小宗者」，孔疏云：「君有適昆弟，使之爲宗，更不得立庶昆弟爲宗，是有大宗而無小宗也。」謂先君只有適子而無庶子，則無庶子所立之小宗也。「有無宗亦莫之宗者」，孔疏云：「無他公子可爲宗，是有無宗，亦無他公子來宗於己，是亦莫之宗也。」謂適長子只有一人，無他適公子可立爲大宗者，亦無他庶公子之以己爲宗者。

五世而遷者，五世向上數則指己身、父、祖、曾祖、高祖爲五世，向下數則指己身、子、孫、曾孫、玄孫亦爲五世。以宗廟制度言，向上至高祖廟爲止，高祖以上則毀廟，遷主於太廟，故至五世而止，是即所謂之

「祖遷於上」也。以宗法論，別子爲祖，爲第一世，繼別者始爲大宗，則爲第二世。謂繼別者之諸兄弟族皆宗此人爲大宗之宗子，其別子之庶弟一人爲禰，是爲第三世。禰之長子則爲小宗，是爲第四世，其同輩諸弟皆尊之爲小宗之宗子。此宗子之長子仍爲宗子，是爲第五世，前別子之宗至此而止。其弟又別爲後人之禰，此禰之子則又別爲一新小宗。是即所謂「五世則遷」，「宗易於下」也。

又以喪服言，五世之時，於高祖之父不爲加服，是亦祖遷於上也；就宗法論，至五世之時，不復宗四從族人，各自隨近爲宗，是宗易於下也。由上述可知，嫡系乃萬代不改之大宗，庶系乃五世則遷之小宗。大宗統領諸小宗，收族者也；小宗只領一族，一族以內之族人皆宗之。其後世代綿延，大宗唯一支，而小宗孳乳益多，而皆以五世爲限，過五世則別立新小宗。

限於文獻所見者不多，對宗法之瞭解亦僅如上述而已。或謂此僅當時之一理想，屢經修飾而始終未嘗正式推行，致後世文獻所存寥寥。故今亦只能簡述如上矣。然即就所知，尚得闚見其特質於一二焉：

1.父系傳統

家庭之傳遞推衍，全以父方爲主，成爲父系傳統之社會結構。一改母系中心之型態。崔述《東壁遺書・五服異同考》云：「人姓父之姓，而不姓母之姓，由父之父遞推之，百世皆五祖也。由母之母遞推之，三世之外，有不知誰何者矣。」

2.父權至高

大小宗之宗子均具有至高之身分與權力，宗主甚至有生殺放逐宗人之權，宗內吉凶大事皆須取決於宗子。

3.嫡庶分明

大宗必嫡系，庶系爲小宗，嫡庶分別甚嚴，避免篡亂。嫡長繼承，成爲定制。

4.族外婚制

〈大傳〉曰：「繫之以姓而弗別，綴之以食而弗殊，雖百世而昏姻不通者，周道然也。」殷商之時，族內可婚，至周則必須族外爲婚。周代雖有庶姓，然上有世繫之正姓在焉，庶姓爲衆姓，氏族之謂也。別子爲祖者正姓，百世不改者也；繼禰爲小宗，五世則遷，祖遷於上，宗易於下，遷宗則易氏，或因王父字、或因官、或因地而爲氏，不同於高祖之父之姓矣，是庶姓別於上也。

〈曲禮上〉：「取妻不取同姓，故買妾不知其姓則卜之。」是不取同姓爲周之定制也。

又《儀禮．喪服．傳》曰：「婦人雖在外，必有歸宗。」在外謂在外族，外族則不同於本姓也，亦即不在同一大宗之下者。《左傳》曰：「同姓不蕃。」是當時已有優生之觀念矣。《禮記．郊特牲》曰：「夫昏禮，萬世之始也，取於異姓，所以附遠，厚別也。」取於異姓爲附遠，不取同姓爲厚別也。

附記：本文主要參考沈恆春《宗法制度研究》

（原載國文天地160期）

說中庸

程頤說：「不偏之謂中，不易之謂庸。」這樣講當然是對的，但一般人未必都能懂，如果用現代語言來解釋，可能比較清楚些。不偏就是不偏頗，不歪邪，始終保持中正平穩的心態，即謂之中。不易是不改變，任何時間或任何空間，這道理是永遠不會改變的意思。再換個方式來說，中就是平衡的心態，就如雜技團的表演，有人耍大缸，一只手指能頂住一只大缸，大缸不會掉下來，因爲他抓住了平衡點，可是不能偏斜，一歪就掉了，因此中是不偏，也就是保持平衡。庸是常，指常理，常理是永遠不會改變的道理。所以〈中庸〉篇所說的就是關於如何永遠保持平衡的修養，和永遠遵守常理的準則。

程頤又說：「中者，天下之正道；庸者，天下之定理。」正道是正當，正大的方法、途徑；定理是原則。

〈中庸〉一開始就說：「天命之謂性，率性之謂道，修道之謂教。」天在中國學問裡，大約有三種解釋：一是自然之天；一是主宰萬物之天；一是理性之天。早期文獻中所見大都屬於是自然界的天，而後有解釋為主宰的上天，到理學家手中，於是而有理性之天。其實鰓者也並沒有太大的差異，自然之天神奇莫測，自會被認為是主宰萬物的上天，理性是由上天所賦予的，因此說是理性的天也是對的。天命是上天所命賜的，天所給予的，也可以說是自然生成的，也可以說是理性的天所形成的，此之謂性，性即人之本性。儒家的基本理論，是認為人的本性都是一樣的，一樣都是善良的，所謂「人性本善」的理念，在《孟子》書中已闡述得很清楚了，有性善之說為基礎，才能解釋下面的「率性之謂道」，率是依循的意思，順著人的本性去做就是正道，道是道路、方式，作人做事能順著善性去做就是正確的方式。問題是我們很多人都對自己的本性不瞭解，模糊不清了，無法掌握了，於是就需要修養，修養而後才能成聖成賢，至少不會變成壞人，所以如何以正確的方式來修養自我就非常重要了。如何修養才是正確？實在是個大問題，這不是誰都知道的，必須是具有大智慧、大見識的人才能懂得的。以上這三句話說的是性、道、教，實在是重要的綱領，一是要先確定我們稟賦的是至善的本性，二是要發揮善性，能主動發揮善性的是聖賢，普通人則要靠如何修養的教導。教導是有方法的，因此說「修道之謂教」。首先說明這方法是必須隨時保持，不可改變的，所以說「道也者，不可須臾離也。」須臾是短暫時間，分秒之間都不能離開。如果這原則可以稍稍離開的話，這道就根本不是道了。「是故君子戒慎乎其所不睹，恐懼乎其所不聞。」凡是別人所看不到，或聽不見的地方，也就是只有自己明白之處，必須格外地小心謹愼，惶恐畏懼，這也是在說修養之不可須臾離也。所謂「其所不睹」，「其所不聞」，其實是說內心的活動，那可眞是別人所看不到聽不見的地方，越是這種地方，就要越加小心謹愼，「故君子愼其獨也」，因此愼獨就是一項修養的工夫。對於自己心裡所思，所念所想的一切，都要仔細澄清，過濾，努力保持善念，徹底排除邪思，使自己心中隨時隨地都是中正平和的狀態，沒有片刻離開正道。

「喜怒哀樂之未發，謂之中。」喜怒哀樂，是各種情緒的波動，當情緒還沒有發動的時候，沒有外在任何事物的影響時，我們的心是寂然平靜的，那就是人本性的狀態，故謂之中，內心既無絲毫邪念，因此情緒即使有所波動，而都也能合乎節度，無過與不及的差失，此之謂和，即合情合理的效果。和是儒家最重視最高的理想，所以說「致中和，天地位焉，萬物育焉。」致是獲得、達到的意思，中是起點，和是終點，也就是說從人性的本體開始去體認，瞭解，去掌握，而後更進一步去擴張它的效用而達到合情合理的和的終極效果。眞的得到中與和時，天地位，位是安其所，是說天體運行能得其最適當的位置，能保持常態，能得正常地運行，我們常說希望風調雨順，國泰民安，該起風就括風該下雨就下雨，天氣當暖則暖，應冷則冷，即是得其正，如果冬行夏令，或是夏行冬令那就是不正常了，不正常一定會有災害。天地能保持正常地運行，則必可「萬物育」，育是蕃育生長，是說萬物都能得以正常地滋生蕃育，可見致中和的效果是多麼的大。所以說「中也者，天下之大本也；和也者，天下之達道也。」大本指本體，達道是說大用，本體在於本性，能眞正確實瞭解，掌握並發揮善良的人性，就能掌握天下的大本大體；而且能以合情合理的心態來處理天下的事物，任何事都不會受到阻礙，無所不通，故謂之達道。所以過去的中國讀書人都非常講究中庸的修養，遇事對人，要修養保持平衡，保持正常，也就是不偏激，不衝動，始終能以冷靜的心態來處理。所謂平衡，正常的心態，正如〈大學〉篇所說必須排除忿懥，恐懼，好樂，憂患等種種心理上的障礙影響，這樣的修養可也眞是不容易。所以孔子說：「民鮮能久矣。」又說：「君子而時中：小人而無忌憚也。」時中，是說時時保有此修養之道，忌憚是害怕，畏懼，無所畏懼，則是想怎麼做就怎麼做，只要我高興，沒有甚麼不可以的，這就是君子與小人的不同。還有一種原因，孔子說：「道之不行也，我知之矣，知者過之，愚者不及也。道之不明也，我知之矣，賢者過之，不肖者不及也。」人有智、愚、賢、不肖之等秉賦氣質之差異，智者、賢者往往自以爲才德過人，認爲這中庸之道很普通很平常，沒甚麼了不得，意思就是不重視、不在乎，認爲不值得，所以就會疏忽大意結果是做不到。愚者心智不足，不肖者品行不足，根本不願去求知，更不願去從事修養，所以有人不在乎，有人認爲不值得，有人不知該怎麼做，怎樣也趕不上，做不到，也不願去修養，結果當然是道之不行與不明了。人往往自以爲聰明，但遇到別人設計的圈套或網羅，還是會不自覺地走進去，原因是自心不平和，不能堅守中正，才會受到誘惑而墜落。孔子很欣賞顏回，說他「擇乎中庸」，這是能知能行，「得一善，則拳拳服膺而弗失之矣」，是說他還能守之以恆。這樣的人畢竟難得，所以孔子再三慨歎：「民鮮能久矣。」

能守當是一種堅強的表現，所謂堅強有很多種，「子路問強，子曰：『南方之強與？北方之強與？抑而強與？』」孔子的回答準備先提出南、北方的強與爾所想的強來作比較，「寬柔以敎，不報無道，南方之強也，君子居之；衽金革，死而不厭，北方之強也，而強者居之。故君子和而不流，強哉矯！中立而不倚，強哉矯！國有道，不變塞焉，強哉矯！國無道，至死不變，強哉矯！」南方之強、北方之強如何如何，暫且不去管他，孔子所要說的是以下的幾項，一是和而不流，與人相處，親近和睦，但卻不是爛好人，不流是不會同流，不會順同一個方向，和睦柔順是沒錯，但要他去做壞事，那可是絕對不幹，這也是一種堅強。有時整個環境逼得你非要跟大家一樣，而你卻要鶴立雞群，與眾不同，眞的是很難，那必須要有堅強的心志。還有一種「中立而不倚」，對人對事始終能保持中正的態度，不偏袒任何人，不受任何環境左右，不受人情影響，這又是一種堅強。還有「國有道，不變塞焉」，國有道，是說政治上軌道，很理想的社會狀況，有才能的人一定會出頭，一定會很得意，雖然自己出頭了，得意了，塞是指不得意時的情形，不變塞，是說不會因出頭得意而改變了原有的操守，不會改變常態，這也是一種很難得的堅強。還有「國無道，至死不變」，當國家社會非常危險、混亂時，君子人多數不能出頭，陷於惡劣的環境中，眼看著別人做壞事而發達了，眼看著有人投機發財了，也還是堅守正道，不會跟著去做壞事，或跟著想辦法去投機賺錢，平常怎麼樣還是怎麼樣，即使凍死餓死，也絕不改變常態，這才是眞正的強者。其實孔子要說的是堅守之難得。另外還有一種情況「君子遵道而行，半途而廢，吾弗能已矣。」有人能知也能行，但是毅力不足，走了一半，卻又走不下去，力有所不逮，能行而不能守之以恆，結果當然還是不能成聖成賢。在孔子來說，我是絕對不會停下來的，已是停止的意思。「君子依乎中庸，遯世不見知而不悔，唯聖者能之。」一個以德修養自我的君子，遯是逃避或隱藏之意，即使一輩子避世隱居，不求仕進，因此沒有人知道他，沒有知名度，他也不會後悔是說他總還是依照著常態去做，這可不是一般人能做得到的，只有聖人才能如此。這是有意和一種專打知名度的人來作對比而論的，另一種人是「素隱行怪，後世有述焉，吾弗爲之矣。」素讀爲索，索隱，專門去找尋隱蔽的，平常很少有人講的言論來講。行怪是行爲怪異，與眾不同。就像現在一些年輕人故意表現奇裝異服或奇怪的言論，號稱新新新人類，目的何在？在吸引人注意，認爲正路人人都會走，走偏鋒，別人不會，就容易出名了。語不驚人死不休，讓天下人都奇怪得不得了，就成了。這種人很多，歷史上也會有記錄，後世也有人講述他們的，不過孔子說我可不願這麼做，我還是盡量保持常態的好。

對一般人而言，這項修養當然是很難的事，但也並非絕對做不到。所以「夫婦之愚，可以與知焉；夫婦之不肖，可以能行焉。」愚夫愚婦，都可以瞭解，都可以實行，因爲「道不遠人，人之爲道而遠人，不可以爲道。」這道理原就存在於我們日常生活裡，並非高遠而不可攀援，在我們日常生活中，隨時隨地都用得到，面對一個人，遇到一件事，我們經常都會有情緒的作用，影響到我們的心態不能保持正常狀態，譬如面對自己心愛的孩子，他怎麼樣都是可愛的，面對一個平時就不喜歡的人，再好的表現，也不會用心欣賞，這都有偏差的現象。遇事則更是如此。因此就須要修改偏差，養成中正平和的心態。如何修養呢？「辟如行遠必自邇，辟如登高必自卑，」要從近處，低處做起，也就是說從自己身旁家人做起，最親的莫過於父母，最近的莫過於夫妻，兄弟，能孝順父母，夫妻好合，兄弟友愛，能如此，則必能掌握住人倫之間的正常之道。能掌握住正常的人倫之道，則天地之間就沒有甚麼道理不能掌握的了。

最簡單的修養是「忠恕違道不遠，施諸己而不願，亦勿施於人。」忠以對事，憑良心做事，盡自己能力去做就是忠。恕是拿自己來比況別人，推己及人就是恕。自己想一想，如果別人用這種方式加在我身上，我覺得不願意，這種事情我也不可以加到別人身上，此之謂恕。這道理很簡單，問題是自己做得到還是做不到。還有一點，「庸德之行，庸言之謹，有所不足，不敢不勉，有餘不敢盡，言顧行，行顧言。」庸者常也，庸德是指最普通的道德，行是問做到了没有？庸言之謹是問平常說的話夠不夠謹愼？說出的話有沒有切實做到？考量之後，覺得有些地方做得不夠，則不敢不勉，要警惕自己，應該勉勵自己認眞努力去改過。要求說到能做到，有餘是說有餘言，有餘言即有過份的話，或誇大其辭的地方，或未能做到的地方，「不敢盡」，是說不敢再暢所欲言，一定要收斂。這些都是自我反省的修養工夫。因此就要言顧行，行顧言，說話時要想到自己能否做得到，有所行爲時也要想到自己曾經說過的話，每一句話，每件行爲，都要反省，考量是否實在。能這樣修養自我，而且能持之以恆，則庶幾近乎道矣。

修養的工夫，重在一個「誠」字，誠是認眞徹底的態度。「誠者，天之道也；誠之者，人之道也。」這是說明兩種層次，天之道，完全發自本心，順乎自然，「唯天下至誠，爲能盡其性。」不須經過勉強，就能合情合理地守住中庸之道，不須經過思考，就能懂得，從容不迫而都合於本性，這不是普通人能做到的，所以說「誠者，不勉而中，不思而得，從容中道，聖人也。」這只有聖人才能做到的境界。因此說「自誠明，謂性。」聖人者，生而知之，安而行之者，所以說「誠者，自成也。」至賢者，是屬於學而知之，利而行之者，則必須誠之，之就是中庸之道，由於別人的教導，經過學習，知道了中庸之道是最好的，又能認眞努力以赴，所以說「誠之者，擇善而固執之者也。」擇善固執，即能知能行又能守，此之謂誠之者，是由人爲的方式而達成的，所以說「誠之者，人之道也。」又說：「自明誠，謂之教。」由人爲的教導，使之明白此道之可貴，進而誠之，擇善而固執之，故謂之爲教。無論是由於本性之誠而自然的呈現，或是由於教導學習而得有理想的成績，結果應該是一樣的，一樣的可以成聖成賢。至於一般的平凡人，多半是困而知之，勉強而行之者，則該如何呢？其修養方式爲：

「博學之，審問之，愼思之，明辨之，篤行之。」如何博學？「有弗學，學之弗能，弗措也。」如何審問？「有弗問，問之弗知，弗措也。」如何愼思？「有弗思，思之弗得，弗措也。」如何明辨？「有弗辨，辨之弗明，弗措也。」如何篤行？「有弗行，行之弗篤，弗措也。」「人一能之，己百之；人十能之，己千之。果能此道矣，雖愚必明，雖柔必強。」弗措是說不停止，無論學問思辨行，不達目的絕不停止，而且以十倍百倍的努力認眞去做，自無不成之理。

「唯天下至誠，爲能經綸天下之大經，立天下之大本，知天地之化育。」至誠就是憑著我們生而具有的善性善德努力去做，只有天下至高的眞誠才能經綸天下之大經，經綸是經營治理，大經就是常理常則，常理常則指君臣、父子、夫婦、兄弟、朋友五種倫常，天下事最難處理的是人際倫常關係，唯有靠至誠，始得處理得合情合理。大本即指人性之本源，立是建立，把善性善德人性之本源建立起來，使成爲大家努力以赴的理想目標，謂之立大本。能如此則知天地之化育，就能瞭解天地化生長養之道。所以說：「唯天下至誠，爲能盡其性；能盡其性，則能盡人之性；能盡人之性，則能盡物之性；能盡物之性，則可以贊天地之化育；可以贊天地之化育，則可以與天地參矣。」是說只有聖人才能掌握其自身的善性善德，於是自也能徹底瞭解衆人的本性，瞭解了人的本性，民胞物與，往外推廣擴張，便能明白所有萬物的本性，於是就能幫助天地化生長養之功，就可與天地同功。「誠者非自成己而已也，所以成物也。」聖賢之道，即在成己成物，成就自我之外，還希望別人也能跟著成就。故「至誠無息。」

「苟不至德，至道不凝焉。」如果沒有至高的道德修養，這至大的中庸之道也不能有所凝聚成就。如何方能修養成至高的道德呢？「故君子尊德性而道問學，致廣大而盡精微。」尊德性是尊重我們生而具有的善德本性。道問學是講究問學。這是兩種不同的修養方式，在宋代，陸九淵主張尊德性，朱熹則偏重於道問學，一是由內而外，一是由外而內，但只要認眞努力去做，其結果還是一樣的。致力於外在的廣博學問，而又能盡心於內在精細微妙的心性反省都可以達到「極高明而道中庸」的境界。

以前我常說禮有感性，也有理性，感性是在處理親疏遠近的人際關係上，理性則是在處理是非對錯的事件上，但也會有感性與理性發生矛盾衝突的時候，那就要靠中庸的平衡觀念來處理了。必須是不衝動，不偏激，經過非常平和冷靜地思考，找出最合情合理，最適當的方案來處理才行。由此看來，中庸之道更是儒家禮制觀念中最爲完備縝密，最具實用的思想了。

國家圖書館出版品預行編目資料

說禮／周何著. --初版. --臺北市：萬卷樓
，民 87
面；　公分
ISBN 957-739-192-3(平裝)

1. 禮(經書)-教學法

531　　87012129

說　禮

著　　者：周何
發 行 人：許錟輝
總 編 輯：傅武光
責任編輯：黃淑媛
出 版 者：萬卷樓圖書有限公司
台北市和平東路一段 67 號 14 樓之 1
電話(02)23216565・23952992
FAX(02)23944113
劃撥帳號 15624015
出版登記證：新聞局局版臺業字第 5655 號
網站網址：http://www.books.com.tw/
E-mail：wanjuan@tpts5.seed.net.tw
承印廠商：晟齊實業有限公司
電腦排版：法德電腦排版有限公司
定　　價：180 元
出版日期：民國 87 年 9 月初版

(如有缺頁或破損，請寄回本社更換，謝謝)
◉版權所有　翻印必究◉

ISBN 957-739-192-3